CATALOGUE

D'UNE PRÉCIEUSE COLLECTION

DE TABLEAUX,

CHOISIS DANS TOUTES LES ÉCOLES

ANCIENNES ET MODERNES;

PAR Mr DIDOT.

CATALOGUE

D'UNE PRÉCIEUSE COLLECTION

DE TABLEAUX,

CHOISIS DANS TOUTES LES ÉCOLES ANCIENNES ET MODERNES;

PAR M.r DIDOT:

Dont la Vente aura lieu le Mercredi 6 Avril 1825 et jours suivans; le matin, à l'heure de midi, et le soir, à six et demie de relevée, en la grande Salle de l'hôtel Bullion, rue J.-J. Rousseau, n.o 3.

L'Exposition sera publique, et aura lieu le Dimanche 3 Avril (jour de Pâques), et les Lundi 4 et Mardi 5, de midi à cinq heures, dans ladite grande Salle de l'hôtel Bullion, où l'on délivrera la feuille des vacations.

LE CATALOGUE SE DISTRIBUE A PARIS,

Chez
- M. LACOSTE, Commissaire-Priseur, rue Thérèse, n.o 2;
- M. GIBÉ, Commissaire-Priseur, rue de Grenelle-Saint-Honoré, n.o 29;
- M. HENRY, Commissaire-Expert des Musées royaux, rue de Bondi, n.o 23.

DE L'IMPRIMERIE DE LEBLANC.

1825.

AVERTISSEMENT.

Lorsque nous commençâmes, il y a trente ans, notre considérable Collection de Tableaux, non par spéculation, mais pour étudier les peintres de toutes les écoles (étude plus nécessaire pour écrire une histoire de la peinture, que de prendre des livres pour écrire des livres), nous savions que nous ne pourrions pas garder cette Collection. Aussi, notre intention était-elle de faire une vente publique de nos Tableaux, aussitôt que nous aurions pu en mettre de côté un assez grand nombre, devenus inutiles pour notre étude.

M. Henry, peintre et commissaire-expert des Musées royaux, au jugement duquel nous avons soumis tous les Tableaux décrits dans le Catalogue, comme nous les soumettons à celui de MM. les Amateurs et Marchands, s'est chargé de faire cette vente, ainsi qu'il s'était chargé, il y a quelques années, de celle d'une autre partie de notre Collection, dont nous avions également rédigé le Catalogue.

Au sujet de ce dernier Catalogue, le *Journal de Paris* crut, à l'occasion de notre Notice sur Ninon de Lenclos, dont nous possédions le portrait par Van-Dick, devoir critiquer notre style, qu'il disait trop fleuri. Nous avons taché d'éviter aujourd'hui un pareil reproche, et ce serait à tort que l'article du n.° 6 nous l'attirerait : d'abord, c'est une citation de notre Ouvrage sur la Peinture; citation nécessaire pour rectifier l'erreur qui, jusqu'ici, a désigné, sous le nom de *Jupiter et Io*, l'heureuse composition de *Zéphyre et Flore* du Corrège; ensuite, pourrait-on sérieusement reprocher quelque chose de trop fleuri pour Flore?.... Les fleurs sont de son domaine.

En terminant cet Avertissement, nous devrions peut-être, suivant l'usage, citer les tableaux les plus marquans de cette Collection; nous nous contenterons simplement d'inviter MM. les Amateurs à jeter un coup-d'œil sur la table suivante, qui comprend tous les noms des peintres, et les n.[os] de leurs ouvrages décrits dans le Catalogue. Néanmoins, sans vouloir distinguer, sous le rapport de leur mérite, les articles ci-dessous numérotés, nous engageons à les parcourir, sous celui de la rareté et de la curiosité :

40, — 41, — 51, — 52, — 65, — 66, — 67, — 94, — 107, — 108, — 109, — 141, — 145, — 149, — 154, — 155, — 181, — 192, — 212, — 213, — 214, 219, — 220, — 224, — 225.

Nota. Un retard apporté par le doreur à la confection de quelques bordures, pourra être cause que plusieurs Tableaux ne soient pas vus au commencement de l'exposition; si cela arrivait, ils seraient apportés et exposés successivement. Au reste, nous croyons devoir prendre l'engagement formel que tous les objets décrits dans le Catalogue seront exposés et réellement vendus.

TABLE ALPHABÉTIQUE.

ECOLES ITALIENNE, ESPAGNOLE ET ANGLAISE.

ALBANE. 1, 2
ANDRÉ DEL SARTE. 3, 4
BAROCHE (F.). 5
CORRÈGE (ÉCOLE DU). 6
CORRÈGE (COPIE). 7
FRA BARTOLOMÉE. 8
G. POUSSIN. 9, 10, 11, 12
GUERCHIN (LE). 13, 14, 15
GUIDE (LE). 16, 17, 18
JOSEPIN. 19, 20
ORISONTI. 21
PALME *le Vieux*. 22
PALME *le Jeune*. 23
RAPHAEL (d'après). 24
REYNOLDS, *à Dresde* *. 25
SALVATOR ROSA. 26, 27
SCHIDONE. 28
VÉLASQUEZ. 29
ZURBARAN (F.). 30

ECOLES ALLEMANDE, FLAMANDE ET HOLLANDAISE.

ALBERT DURER. 31
BACKUISEN (LOUIS). 32
BAUR (M.r). 33
BEHAEGHEL (M.r). 34
BERGHEM, DUJARDIN ET VANDERDOES. 35
BRILL (PAUL), 1596. 36, 37, 38
CHAMPAIGNE (PH.). 39, 40
DYCK (ANT. VAN). 41, 42
DOW (GÉRARD). 43, 43 *bis*.
DUJARDIN (KAREL). 44
FABRICIUS. 45
JONXIS (M.r J.-L.). 46
HELMONT (VAN). 47, 48

* Par distraction, le mot *Italie* a été mis au-lieu de *Dresde*, au N.° du Catalogue.

ECOLE FRANÇAISE.

* Par erreur typographique, ce N.° porte le nom de Mieris (W) au Catalogue.

GRAVURES.

Fin de la Table.

CATALOGUE.

ÉCOLES ITALIENNE, ESPAGNOLE ET ANGLAISE.

ALBANE.

1 La Toilette de Vénus.

Première pensée de son grand tableau du Musée, avec des changemens considérables; celui-ci n'y ressemble que sous le rapport des figures occupées à la toilette de Vénus, lesquelles encore offrent des différences remarquables dans leurs poses et dans leur action.

Le paysage aussi n'a que peu de ressemblance avec celui du grand tableau. Nous remarquerons enfin que, quoique ces deux bons tableaux soient évidemment de la main de l'Albane, leur coloris et leur exécution annoncent qu'ils ont été peints à des âges bien différens.

H. 32 p., L. 38 p. *T.*

2 Le Sommeil de l'Enfant-Jésus.

Le petit saint Jean, à genoux, paraît adorer l'Enfant-Jésus endormi sur le sein de sa mère. Saint Joseph près de là est occupé à cueillir des fruits; et dans le fond, un ange tient par la bride la paisible monture, pendant qu'elle se désaltère au bord d'une rivière. Il nous paraît difficile de rencontrer un petit tableau plus séduisant.

H. 10 p. 3 l., L. 8 p. 6 l. *T.*

ANDRÉ DEL SARTE.

3 Un Vieillard debout, tenant un paquet.

Il passe pour le portrait de Michel-Ange dans sa vieillesse.

Ce dessin provient de la Collection du célèbre amateur J. Barnard, avec sa marque.

4 Buste de jeune Fille.

Ce dessin provient du Cabinet Mariette, avec sa marque.

BAROCHE (F.).

5 Occupation familière. Groupe de trois femmes. Dessin double.

De l'autre côté, et sur la même feuille, est un croquis représentant la Vierge, et l'Enfant-Jésus dessiné de deux manières différentes.

Ce dessin provient des Cabinets Crozat et Mariette, avec la marque de ce dernier.

CORRÈGE (ÉCOLE DU).

6 Zéphyre et Flore, allégorie sur la nécessité des pluies bienfaisantes, pour sauver la terre des calamités de la sécheresse.

Tel est le titre raisonnable que donne à ce tableau Tiraboschi, historien du Corrège et son contemporain; et c'est par une erreur du Graveur, qui a mis au bas de son estampe le titre de *Jupiter et Io,* que ce nom a été donné depuis à cette composition du Corrège, répétée par lui au-moins deux fois *, ainsi qu'à toutes les copies faites dans son école et ailleurs.

Qu'il nous soit permis (car le cadre étroit d'un fugitif Catalogue ne le permet peut-être pas), d'extraire d'un ouvrage sur la peinture, qui n'a pas encore paru, l'explication détaillée de cette allégorie du Corrège, pour prouver la vérité du titre de *Zéphyre et Flore* que lui donne Tiraboschi :

« Poursuivie par l'ardeur dévorante du soleil, » pour avoir osé braver ce dieu, la malheureuse » Flore, quoique cachée derrière une Naïade hos» pitalière, allait cesser de vivre.... Déjà l'horizon

* L'une de ces répétitions (la même qui, ensuite, a fait partie de la collection du Palais-Royal), fut peinte pour un prélat, ami du Corrège; et ce prélat distingué aurait-il exposé ce sujet dans sa galerie, si c'eût été celui de *Jupiter et Io?* — Selon la fable, Jupiter se serait entièrement transformé en nuage, afin de tromper complétement la farouche Io; et dans la répétition du Palais-Royal, le nuage a une tête, un bras et une main d'homme. — Si le graveur avait voulu objecter que le Corrège aurait pu lire la fable sans y faire attention; ce même graveur, pour nous prouver que c'est Jupiter, aurait dû ajouter que le Corrège, qui l'a représenté avec la tête d'un adolescent imberbe, ignorait qu'il avait toujours été décrit sous les traits de l'âge mûr et avec une barbe touffue; et qu'au lieu d'un cerf, c'était un aigle qui l'accompagnait..... *Jupiter et Io!* quel titre ridicule! quelle ignorance de graveur! — Et voilà souvent la source des traditions!

Et voilà justement comme on écrit l'histoire!

Nous souhaitons qu'un habile graveur s'empare de cette délicieuse pensée du Corrège, sous son véritable titre de *Zéphyre et Flore*, et trace au bas de sa gravure l'explication que nous donnons de cette ingénieuse allégorie, qui, sous le titre graveleux de *Jupiter et Io*, ne pourrait être exposée dans aucune collection.

» était en feu, l'urne de la Naïade tarie, sa source
» desséchée, et la Naïade elle-même réfugiée dans
» le sein du grand fleuve.... Les arbres, les fleurs,
» la verdure, tout va périr avec Flore!.... Mais
» Zéphyre, qui s'en aperçoit, vole au secours de
» sa bien-aimée; et, la caressant de son souffle
» rafraîchissant, il pousse et presse autour d'elle
» la nuée humide et épaisse que Flore saisit et
» aspire avec délices... elle renaît!... Source,
» verdure, fleurs, tout renaît avec elle! Le cerf
» même, le cerf si timide, forcé par la soif brû-
» lante, ne craint pas d'avancer jusque sous les
» pieds de Flore, pour reprendre la vie aux eaux
» de la source renouvelée ».

H. 46 p., L. 36 p. *T.*

CORRÈGE (Copie d'après le).

7 La Madeleine, connue sous le nom de *la Liseuse*.

Cette copie, de la même grandeur que l'original, donne une idée assez exacte de ce célèbre tableau.

H. 10 p., L. 14 p. *T.*

FRA BARTOLOMÉE.

8 Repos de la Sainte-Famille dans un paysage : sujet de quatre figures.

Ce dessin provient de la Collection J. Barnard, avec sa marque.

GUASPRE POUSSIN (Gaspard Dughet *dit*).

9 La Pluie.

Cette tempête sur terre, qui paraît être un sou-

Suite des Tableaux de Gaspre Poussin.

venir d'après nature, est d'une vérité parfaite dans toutes ses parties. Les arbres, les plantes et les eaux sont agités dans tous les sens, et les nuages semblent descendre jusqu'à terre. La lumière n'y est produite que par les éclairs; et la foudre, qui sillonne une partie du ciel, vient se briser derrière une masse de rochers, au pied de laquelle, et près d'un étang, on découvre trois petites figures poussées par le vent, au milieu d'un tourbillon de poussière. Du côté opposé, et sur le second plan, un jeune homme et une jeune fille se sont réfugiés sous un arbre, dont une partie se brise au-dessus de leur tête.

Ce véritable poëme en peinture a tellement séduit plusieurs de nos premiers peintres, même des peintres d'histoire, qu'ils nous l'ont emprunté, ainsi que le pendant, pour en tracer le souvenir sur la toile.

H. 27 p., L. 38 p. *T.*

10 Le beau Temps.

Ici l'œil se promène avec plaisir sur des côteaux rians, couverts d'arbres, de verdure et de quelques fabriques. Au-delà de ces côteaux, on découvre une ville, et derrière, une chaîne de montagnes, de l'une desquelles paraissent sortir des nuages de fumée. Sur les premiers plans, à droite du tableau, deux arbres très-vieux et à moitié déracinés tiennent à une masse de rochers couronnés d'arbrisseaux; vers le milieu de ce même plan, deux jeunes bergers sont assis sur une partie de roches, au bord d'une vaste rivière, où l'on aperçoit une barque chargée de huit figures, qui semblent diriger leur promenade vers la masse de rochers que traverse cette rivière.

H. 27 p., L. 38. *T.*

Suite des Tableaux de GUASPRE POUSSIN.

11 La Chartreuse : Paysage.

Dans ce paysage d'un site montagneux, on aperçoit au loin, sur la hauteur, le clocher de la chartreuse et les bâtimens qui en dépendent. Au bas de la montagne sont plusieurs bouquets d'arbres formant un petit bois; ensuite est une pelouse qui se prolonge jusqu'au bord d'un chemin qui est sur le premier plan. A ce plan, et vers le milieu du tableau, sont trois chartreux, dont un parle aux deux autres, qui paraissent l'écouter avec humilité; sur la droite du tableau est un massif de grands arbres, et de l'autre côté quelques arbres d'un feuiller plus léger. C'est l'un des tableaux les plus étudiés du Maître.

Il existe une gravure à l'eau-forte d'après ce tableau, portant le nom de N. Poussin. Le graveur aura pu être induit en erreur, en regardant les figures qui sont réellement de ce peintre; mais on a vu plusieurs fois des figures de Nicolas Poussin dans les paysages du Guaspre son beau-frère.

H. 22 p., L. 30 p. *T.*

12 Étude d'après nature : Paysage.

Il est aisé de s'apercevoir que cette excellente étude a servi à composer le tableau précédent.

Forme ronde, 10 p.

GUERCHIN (F. BARBIERI, *dit* LE).

13 La Mère de douleurs.

Cette demi-figure, de l'expression la plus touchante, a les mains jointes. La couleur et le fini de ce tableau pourraient, au premier aspect, le faire croire de Carlo Dolci; mais en le regardant de plus près, on y reconnaît facilement l'exécution encore plus savante du Guerchin.

H. 22 p., L. 19 p. *T.*

14 Paysage avec figures, dit *le Paysage à la Cassette.*

Ce dessin provient du Cabinet Mariette, avec sa marque.

15 La Conversation sur le chemin : Paysage.

Dessin provenant du même Cabinet, également avec la marque.

GUIDE (GUIDO RENI, *dit* LE).

16 Saint François en extase.

Le saint est à mi-corps, de grandeur naturelle et les mains croisées sur la poitrine ; ses regards se portent sur un crucifix posé à l'entrée de la grotte du saint.

Ce tableau classique a été gravé en Italie, du vivant du Guide, et il serait à désirer qu'un de nos habiles artistes français mît tous ses soins à le reproduire par une nouvelle gravure, plus digne de ce chef-d'œuvre d'expression, qui passait pour un des plus parfaits ouvrages du Guide, dans la galerie célèbre dont il faisait l'ornement à Rome.

H. 30 p., L. 27 p. 7 l. *T.*

17 Le Repentir de saint Pierre.

Figure presqu'entière et de grandeur naturelle. Le saint est représenté les mains sur la poitrine et les yeux levés au ciel.

Ce tableau, qui provient de l'église des Repentans à Rome, et qui est cité dans Dargenville, se distingue sous le rapport de l'expression, et mériterait aussi d'être gravé par un de nos habiles artistes.

H. 48 p., L. 36 p. *T.*

18 La Libéralité et la Modestie, figures en pied.

Ce dessin provient de la Collection de Strange, qui l'a gravé en 1755.

JOSEPIN.

19 Diane et Actéon.

Cette composition, de neuf figures dans un paysage, représente le moment où Diane jette de l'eau à Actéon, pour le changer en cerf, parce qu'il l'avait surprise dans son bain; sur un plan éloigné, on aperçoit ce malheureux chasseur déjà transformé et sur-le-point d'être dévoré par ses chiens. Très-bon tableau du Maître.

H. 14 p., L. 20 p. *B.*

20 Adam et Ève chassés du Paradis.

L'ange, armé d'une épée flamboyante, poursuit Adam et Ève qui sont précédés du serpent.

Dans ce tableau, le paysage, qui est d'une exécution très-soignée, est en harmonie parfaite avec les figures, qui sont dignes du Guide.

H. 14 p., L. 16 p. *T.*

ORISONTI.

21 La Cascade sous le pont.

Paysage traité dans le genre historique : vers le milieu un pont de pierre traverse une rivière dont les eaux forment plusieurs cascades; aux deux côtés s'élèvent des bouquets d'arbres dont l'ombrage frais invite le voyageur au repos. Les fonds sont composés de hautes montagnes. Les figures représentent des pêcheurs.

On pourrait dire qu'Orisonti est le continuateur du Guaspre Poussin, avec lequel on le confond souvent.

H. 27 p., L. 36 p. *T.*

PALME *le Vieux.*

22 Le Pressentiment de la Croix.

Ce sujet de Sainte-Famille, peint dans le meilleur temps du Maître, est composé de quatre figures représentées dans un paysage; l'Enfant-Jésus, dans les bras de sa mère, se tourne vers saint Jérôme pour lui faire remarquer la croix de roseau que tient le petit saint Jean.

H. 26 p., L. 35 p. *B.*

PALME *le Jeune.*

23 Vénus tenant le Bouclier qu'elle vient de faire forger pour Énée.

Cette étude d'après nature est d'une si grande vérité, qu'on pourrait la croire du Titien.

H. 44 p. 9 l., L. 31 p. 7 l. *T.*

RAPHAEL (D'après).

24 La Vierge, connue sous le nom de *la belle Jardinière.*

Cette belle copie, qui paraît faite du temps de Raphaël, a, de plus, le mérite d'une parfaite conservation.

H. 35 p., L. 26 p. *B.*

REYNOLDS (JOSUÉ), *en Italie.*

25 La Madeleine.

C'est une imitation de la célèbre Madeleine du

Corrège, que Reynolds ne voulut pas traduire servilement, de peur de refroidir son génie dans l'expression, la couleur et l'exécution, qualités qu'il possédait à un degré éminent. Il crut d'abord devoir donner à sa Madeleine plus de jeunesse et un caractère de tête plus conforme à la réputation qu'elle avait eue dans le monde; et, pour y réussir, il se servit d'une de ses délicieuses têtes d'étude, qu'il a répétée quelquefois dans ses tableaux. Reynolds voulut de plus étendre la lumière de son tableau, laquelle ne paraît former qu'un point dans celui du Corrège, et faire un paysage différent avec le plus grand soin, en y joignant la plus grande vérité; car Reynolds excellait aussi à peindre le paysage. Mais c'est surtout par la grâce, la vie, et je ne sais quoi de divin dans l'expression de ses têtes de femmes et d'enfans, que Reynolds, le Greuze de l'Angleterre, comme Greuze est le Reynolds de la France, a mérité d'être un peintre de postérité.

On pourra se convaincre des changemens que Reynolds fit dans ce sujet de la Madeleine, qu'il peignit dans une proportion beaucoup plus grande, en comparant son tableau à une copie exacte de la Madeleine du Corrège, désignée sous le N.° 7 de ce Catalogue.

H. 16 p., L. 22 p. *T.*

SALVATOR ROSA.

26 Les Ermites : Paysage.

Des religieux ont pratiqué des cellules dans le creux des rochers : l'un d'eux est en prières; un autre paraît étonné en regardant un torrent.

H. 20 p. 6 l., L. 16 p. 6 l. *T.*

Suite des Tableaux de SALVATOR ROSA.

27 Les Bucherons : Paysage.

Un bucheron monté sur une branche d'un grand arbre, se penche pour recevoir une serpe d'un de ses camarades. Ce tableau doit plaire comme le précédent.

H. 16 p. 6 l., L. 20 p. 6 l. *T.*

SCHIDONE.

28 L'Espiègle.

Un jeune Enfant, tête nue, présente en riant des cerises à un pigeon. Joli échantillon du Schidone.

H. 8 p., L. 7 p. *B.*

VÉLASQUEZ.

29 Les Oiseaux de basse-cour.

On distingue, parmi cette réunion d'oiseaux, des paons, des dindons, des perdrix et des pigeons: deux de ces derniers oiseaux couvent dans un panier.

Ce tableau porte encore le N.o qu'il avait dans la célèbre galerie espagnole où il était auparavant.

H. 36 p., L. 50 p. *T.*

ZURBARAN (F.).

30 Saint Jérôme au milieu de ses Disciples.

Assis la plupart autour d'une table, ils paraissent méditer sur les saintes Écritures que leur explique saint Jérôme assis en face d'eux.

Cé tableau est le plus capital de la suite des douze que Zurbaran peignit pour les Amériques espagnoles.

H. 42 p., L. 33 p. *T.*

ÉCOLES ALLEMANDE, FLAMANDE ET HOLLANDAISE.

ALBERT DURER.

31 La Sainte Face et deux Anges.

Ce tableau, quoique peu considérable, peut donner une idée d'Albert Durer, dont le nom se rencontre plus souvent que les ouvrages dans les catalogues de vente.

H. 7 p., L. 15 p. *B.*

BACKUISEN (Louis).

32 Tempête sur mer.

Vaste composition représentant cinq vaisseaux battus par la tempête : plusieurs sont démâtés; l'un d'eux est près d'un banc de rochers où il va se briser. Cette masse de rochers masque une partie de montagnes, dont la chaîne se prolonge à l'horizon.

Deux chaloupes mises à la mer pour porter secours, ajoutent à l'intérêt de ce tableau, l'un des plus capitaux et des plus parfaits de ce Maître, que l'on peut à juste titre considérer comme le premier peintre dans ce genre.

H. 52 p., L. 74 p. *T.*

BAUR (M.r).

33 Marine par un temps calme.

Plusieurs navires et barques garnissent la mer sur différens plans. On remarque, sur le premier, un canot monté par deux matelots, et du côté opposé, sur un plan plus éloigné, une petite chaloupe sans voiles, remplie de figures, au nombre de dix.

M. Baur est un des peintres les plus célèbres de l'école moderne hollandaise.

H. 24 p., L. 30 p. *T.*

BEHAEGHEL (M.r).

34 M.r V..., dans son laboratoire de chimie, au Jardin du Roi.

Ce célèbre chimiste, assis près d'une table, est occupé à écrire : à sa droite sont deux élèves auprès de la cheminée du laboratoire; l'un des deux fait aller le soufflet. Du côté opposé est une croisée qui éclaire la scène. Plusieurs fontaines en cuivre, ainsi que des bassines du même métal, des livres et des bocaux de différentes formes et grandeurs, enrichissent ce tableau, peint avec le plus grand soin.

H. 14 p., L. 17 p. *T.*

BERGHEM, K. DUJARDIN ET VANDERDOES.

35 Le Troupeau en repos.

Sur le devant d'un paysage en partie occupé par un rocher, on remarque principalement un bœuf de couleur rousse; on voit ensuite cinq moutons groupés ensemble, un chevreau étendu à terre, les quatre pattes liées, et une chèvre près d'une vieille brebis blanche, à laine courte.

Le paysage et le bœuf sont de la main de Berghem; K. Dujardin, son élève, a peint dans ce tableau le chevreau, la chèvre et la vieille brebis; et Vanderdoës, ami de K. Dujardin, le groupe des cinq moutons.

Il est heureux qu'un amateur ait voulu réunir les talens de ces trois célèbres artistes dans ce tableau, qui nous paraît unique dans son genre. Il provient des cabinets de Tolozan et Vanleyden.

H. 26 p., L. 29 p. *T.*

BRILL (Paul), 1596.

36 Saint Antoine dans son ermitage.

Dans ce paysage, de l'exécution la plus soignée, le saint est représenté méditant sur sa lecture. Du côté opposé, et sur un plan plus éloigné, un autre ermite passant un pont, paraît apporter, sur un âne, le produit de sa quête.

Les figures sont de Josepin.

H. 6 p. 6 l., L. 8 p. 6 l. *C.*

37 Paysage aux Rochers.

La plus grande partie du tableau est occupée par des rochers couverts d'arbres, et couronnés de quelques fabriques. L'autre côté se termine par un massif de grands arbres. On y remarque différens animaux, et un berger conduisant un troupeau au bord de la rivière. Il peut servir de pendant au précédent.

H. 6 p. 6 l., L. 8 p. 6 l. *C.*

38 Saint Pierre marchant sur les eaux.

Les petites figures, touchées avec esprit, passent pour être du Carrache.

Forme ronde. 6 p. 6 l. *B.*

CHAMPAIGNE (Ph.).

39 La Mère de Douleurs au pied de la Croix.

Étude très-terminée, pour un de ses plus beaux tableaux que l'on voit à la galerie du Luxembourg, et dans lequel le peintre a fait quelques changemens: c'est ce que l'on appelle le petit tableau du grand.

Forme octogone. H. 19 p., L. 16 p. *T.*

Suite des Tableaux de CHAMPAIGNE.

40 Très-beau Portrait du duc de Montausier, de grandeur naturelle.

Il est assis, vu de face, le coude appuyé sur une table couverte d'un riche tapis. Son costume héroïque est semblable à celui sous lequel Louis XIV est souvent représenté. Un rideau cramoisi et des bas-reliefs décorent l'intérieur de l'appartement.

H. 44 p., L. 36 p. *T.*

DYCK (ANT. VAN).

41 Portrait en buste de Northumberland.

Étude, d'après nature, du fameux duc de Northumberland, amiral et général anglais. Cette tête est d'un beau caractère.

Il existe une ancienne gravure d'après le portrait, par Van Dick.

H. 21 p., L. 17 p. *T.*

42 Henriette de France, et Charles II, son fils.

Ce tableau est l'esquisse du grand, où, entre autres changemens, la Reine tient un mouchoir de la main gauche, et celle de son fils de l'autre main.

H. 17 p., L. 11 p. *T.*

DOW (GÉRARD).

43 Étude, d'après nature, d'une Bourse, etc.

Sur une table, on voit un livre et une ancienne bourse en cuir.

43 *bis* Autre Étude, d'après nature, d'un Sablier, etc.

On voit également, sur une table, un livre, une écritoire, un sablier, et l'imitation d'un croquis de dessin, sur papier.

On retrouve souvent dans les ouvrages de G. Dow, la plupart des accessoires qu'offrent ces deux études.

H. 9 p., L. 6 p. 9 l. *B.*

DUJARDIN (Karel), *en Italie.*

44 Les Pêcheurs.

Paysage d'un site très-agréable; une rivière le traverse dans toute sa largeur: sur des piles d'un pont de pierre en ruines, est établi un pont de bois, où l'on aperçoit une petite figure; sous le pont, une autre petite figure conduit un batelet; et au même plan, une troisième est occupée à pêcher. Sur le premier plan, on compte sept autres figures, dont trois, dans un bateau, sont en train de tirer un filet; une quatrième trouble l'eau, et les deux autres regardent; près d'elles, on voit un chien. Sur la droite est une fortification, et sur la gauche un beau massif d'arbres.

On s'aperçoit facilement, par le ton de vérité et la facilité qui règnent dans ce tableau, que c'est une étude d'après nature.

H. 22 p., L. 27 p. *T.*

FABRICIUS.

45 L'Anesse de Balaam.

Le prophète frappe sa monture, qui, plutôt que de continuer à marcher, s'est couchée à terre, et tourne la tête du côté de son maître, comme pour se plaindre qu'un ange armé d'une épée lui barre le chemin.

On n'ignore pas que les tableaux de ce grand coloriste sont très-rares. Celui-ci est signé.

H. 18 p. 6 l.; L. 15 p. *B.*

JONXIS (M.r J.-L.).

46 La Blanchisseuse.

Dans une chambre éclairée par une croisée sur laquelle on voit un rosier, une ménagère, tout en blanchissant son linge, regarde ses trois enfans occupés à prendre un oiseau dans une cage.

Ce tableau ne dément pas la réputation que s'est acquise M. Jonxis, d'être l'un des plus fermes soutiens de l'école hollandaise moderne.

H. 19 p. 6 l., L. 15 p. 8 l. *B.*

HELMONT (Van).

47 Les Douceurs de la Paix.

Devant leurs maisons, des paysans se livrent aux plaisirs de la danse et de la boisson. On voit de plus, une servante occupée à tirer de l'eau d'un puits, et courtisée par un paysan; en avant de ce puits sont des ustensiles de cuisine en cuivre et en terre; du côté opposé, la dame du lieu, qui était venue visiter la fête, paraît s'en retourner.

Au coloris de ce tableau, on s'aperçoit que Van Helmont, le meilleur élève de Teniers, avait séjourné à Venise.

H. 18 p., L. 39 p. *T.*

48 Les Misères de la Guerre.

Ce sujet est composé d'un grand nombre de figures, parmi lesquelles on remarque principalement le général ennemi, à table avec ses maîtresses. D'une main il tient son épée, et de l'autre, un verre plein, qu'il s'apprête à boire, à la vue de ses soldats qui maltraitent des paysans. D'autres soldats emmènent des bestiaux, et enlèvent les meubles, qu'ils chargent sur des voitures. Plus loin, on aperçoit des maisons en feu; et sur le premier plan, un paysan à demi-mort et renversé. Au milieu de cette scène de désolation, un porc dort tranquillement.

H. 18 p., L. 39 p. *T.*

HEMMELINCK (Hans).

49 La Décolation de saint Jean.

Ce tableau, de sept figures sur le premier plan, en contient du plus grand nombre sur les autres. On aperçoit, au fond du palais du roi, Hérodiade dansant devant ce prince. Non loin de là, on remarque saint Jean, au travers des barreaux de la prison; sur un plan moins éloigné, on le voit conduit au supplice; et sur le premier plan, on le voit décapité. Le bourreau tient sa tête, qu'il donne à Hérodiade. Dans le fond du paysage sont plusieurs figures occupées autour du feu dit de la saint Jean. Différens animaux ajoutent à la richesse de cette composition, qui se distingue encore par une très-grande richesse de monumens gothiques.

Il est heureux que ce tableau, parfait dans son genre, soit aussi bien conservé, malgré son ancienneté.

H. 18 p. 6 l., L. 14 p. *B.*

HERMAN (Swanveldt dit), *d'Italie.*

50 La belle Campagne.

A droite du tableau est un rocher couronné de différens arbres touffus et d'une belle végétation. Du côté opposé, on aperçoit des monumens en ruines, et les débris d'une tour. Des eaux tombent en cascades, et forment une rivière qui traverse une partie du premier plan. Dans le fond, de l'autre côté de la cascade, on distingue quelques habitations, et derrière, différens plans de montagnes. Parmi les figures disséminées dans ce tableau, au nombre de dix, on en voit quatre sur le premier plan, deux hommes causant ensemble, et une femme tenant un enfant par la main. Sur le même plan, au bord de l'eau, est un tronc d'arbre brisé au milieu des plantes et des roseaux.

Le ciel, les eaux, les arbres et le terrain, tout dans ce paysage rappelle Claude Lorrain, dont Herman se montra si habile élève, que ce maître en devint jaloux; et les figures, peintes avec le plus grand soin, rappellent Gérard Dow, qui fut son premier maître.

H. 19 p. 6 l., L. 23 p. 6 l. *T.*

HOLBEEN (J.).

51 Portrait de Melanchton.

Ce personnage célèbre est représenté plus qu'à mi-corps, la tête vue presque de face, et dans un âge très-avancé; ses cheveux sont blancs. Il porte une tocque noire. Il est vêtu d'un juste-au-corps de la même couleur, par-dessus lequel est une robe sans manches, garnie de fourrures. Ses deux mains croisées, sont posées sur le bord d'une table couverte d'une étoffe rouge.

La figure se détache sur un fond vert. — Un véritable portrait, par Holbeen (et celui-ci est authentiquement de son bon temps), est aussi rare et aussi parfait qu'un portrait par Raphaël; et si l'on s'en rapportait au célèbre peintre italien Zucchero, qui vécut dans le même siècle que ces deux grands hommes, il disait « que les portraits par Holbeen surpassaient en beauté ceux de Raphaël et de presque tous les peintres italiens ».

H. 13 p. 3 l., L. 9 p. 6 l. *B.*

LELY (Pierre).

52 Charles I.er, Roi d'Angleterre.

Il est représenté plus qu'à mi-corps, et tient à la main un bâton de commandement.

H. 40 p. 6 l., L. 29 p. *T.*

LUCAS, *de Leyde.*

53 La Naissance de la Vierge : Composition de cinq figures principales.

Sainte Anne est sur son séant, dans son lit à baldaquin rouge, ainsi que la couverture; elle présente l'Enfant nouveau-né à une jeune fille, qui le reçoit dans ses bras; une autre femme est occupée à verser de l'eau dans une cuvette, et une troisième tient du linge, qu'elle va tremper dans l'eau. Par deux croisées ouvertes de l'appartement d'architecture gothique, on voit, d'un côté, le Père-Eternel apportant le Saint-Esprit. Sur le ciel, au-dessus de la barque, est écrit : *Genèse, chapitre* 8; de l'autre côté, les trois Mages regardent l'étoile qui leur annonce déjà la naissance de l'Enfant que la Vierge mettra au Monde. (Sur le ciel est indiqué le chapitre de la Genèse qui y a rapport.) — Tableau capital de ce Maître célèbre.

H. 26 p., L. 17 p. *B.*

MEULEN (Vander).

54 Attaque d'un Convoi.

Des cavaliers ennemis, après avoir arrêté un convoi au bord d'un gué, frappent les conducteurs et les chevaux. Sur le premier plan, au bas d'un rocher couronné d'arbres, des soldats s'emparent d'un chariot attelé de quatre chevaux, dont un est déjà renversé, ainsi qu'un des gens de la suite. Du côté opposé, sur le même plan, d'autres soldats poursuivent et maltraitent des paysans.

H. 5 p. 8 l., L. 7 p. 8 l. *B.*

55 Prise d'un Village par l'Ennemi.

Sur le premier plan de ce tableau, des soldats paraissent s'occuper des prises qu'ils ont faites. Du même côté, sur un plan élevé, l'ennemi conduit un chariot couvert.

Ce tableau, ainsi que le précédent, est du bon temps de Vander Meulen, avant son séjour en France.

H. 5 p. 8 l., L. 7 p. 8 l. *B.*

MIERIS (W.)

56 Cérès se disposant à partir à la recherche de sa fille Proserpine.

Elle est assise presque entièrement nue au bord d'un lit magnifique, la tête appuyée sur sa main, et tenant un flambeau. Elle paraît réfléchir au chemin qu'elle devra prendre pour retrouver sa fille. Deux de ses nymphes sont près d'elle; l'une, tenant un tambour de basque, annonce le départ; l'autre, portant une gerbe, la regarde; un petit moissonneur, muni d'une faucille, la regarde également. Le fond du tableau représente des côteaux éclairés par le crépuscule.

Les accessoires de ce tableau sont de la plus grande richesse et du plus précieux fini. Ils se composent, entre autres, de draperies et étoffes où brille l'or avec profusion, de vases et plateaux en agate, et de bas-reliefs en marbre.

H. 20 p., L. 16 p. *B.*

MILÉ (Francisque).

57 Des jeunes Filles puisant de l'eau : Paysage.

Sur le premier plan, au bas d'un chemin montueux, on voit cinq jeunes filles près d'une petite rivière qui traverse ce premier plan dans toute sa largeur. Deux de ces jeunes filles causent assises, et les trois autres se disposent à emporter l'eau qu'elles viennent de puiser. Vers le haut de ce chemin, on aperçoit deux autres jeunes filles, dont l'une, portant un vase sur sa tête, est vue par le dos. De chaque côté du tableau sont deux massifs de différens arbres; et les fonds, d'une grande richesse, offrent, dans toute leur étendue, une ville considérable, derrière laquelle sont divers plans de montagnes.

Ce paysage a l'aspect d'un Poussin pour le grandiose de la composition, et d'un Ruisdaal pour la vigueur et la vérité du coloris. Il est du même temps que son paysage célèbre de Mercure et Battus, c'est-à-dire, du petit nombre de ceux qu'il a terminés avec soin.

H. 37 p., L. 42 p. *T.*

58 Le Troupeau en marche.

Dans un paysage très-riche, dont l'horizon est en partie caché par une chaîne de montagnes, on aperçoit, au bas de celles qui sont le plus rapprochées, un assez grand nombre de fabriques italiennes de différentes formes; un chemin qui prend naissance au loin dans la campagne, vient aboutir à une fontaine, où une jeune fille à moitié nue vient de puiser de l'eau dans un vase posé sur sa tête, et danse avec un jeune homme occupé à son tour à puiser de l'eau. Derrière cette fontaine est un arbre en partie brisé; et du côté opposé, un massif de grands arbres, vers lesquels se dirige une jeune fille, ayant une corbeille de fleurs sur la tête. Près des deux premières figures dont nous avons parlé, et dans un chemin creux, on aperçoit le commencement d'un troupeau dans la demi-teinte.

Dans ce tableau de la plus belle exécution, qui paraissait ne rien laisser à désirer, un amateur, sans doute ami de Van Bloëmen, a cru devoir le lui faire enrichir, sur le premier plan, d'un troupeau de moutons, de chèvres, de vaches, et d'un mulet richement chargé; et Van Bloëmen, pour ne pas rester au-dessous d'un si habile Maître, s'est tellement surpassé dans le dessin et le fini de ce troupeau, qu'on le croirait de Karel-Dujardin.

H. 30 p., L. 37 p. T.

59 Saint Louis en Egypte.

Cette composition, riche en paysage, l'est encore davantage en figures; on en compte une trentaine environ : l'action principale est celle où saint Louis fait enterrer les morts. Ce prince paraît traiter avec un chef ennemi : deux moines sont à ses côtés, et un jeune page porte la queue de son manteau. A quelques pas de là, un cardinal, accompagné de deux ecclésiastiques, arrive à cheval. Derrière saint Louis, des religieux, des croisés et des Arabes sont en groupe. Du côté opposé, on enterre des morts. Vers le milieu du tableau, une rivière semble le traverser dans toute sa largeur. Au-delà de cette rivière est une ville qui paraît capitale par ses monumens; à l'horizon, sont des chaînes de montagnes; et à l'un des côtés du premier plan du tableau, on aperçoit une statue de Diane en marbre, posée sur un piédestal servant de fontaine. Du côté opposé sont de grands arbres.

H. 24 p., L. 33 p. *T.*

NOEL, *de Bruxelles.*

60 Kermesse, ou Fête de Village.

Dans ce paysage, d'un site champêtre et agréable, une trentaine de paysans, hommes, femmes et enfans, se livrent, en plein air, à tous les plaisirs permis aux jours de repos. Parmi ces figures, on remarque un charretier à cheval, qui, en reconduisant des chevaux dételés, boit un verre de vin avant son départ.

Ce peintre de genres, qui les traitait tous avec un égal succès, s'était retiré à Bruxelles depuis dix ans. Ses ouvrages avaient su plaire au roi de Hollande, et tous les amateurs les recherchaient à l'envi. Se dérobant à leur empressement, Noël de Bruxelles voulut aller visiter l'Italie, où, à-peine arrivé, il mourut à la fleur de son âge, et regretté de tous les amis des arts.

H. 19 p., L. 25 p. *B.*

OBERMAN (M.r A.).

61 La Route entre les deux Chaumières.

Sur cette route, au premier plan, un paysan conduit un bœuf attelé à une charrette chargée de différens ustensiles. Du côté opposé, un autre paysan conduit des chevaux précédés d'un chien. Du même côté, sur le devant, un tronc d'arbre est renversé auprès d'un ruisseau.

Les deux chaumières sont ombragées par différens massifs d'arbres.

H. 25 p., L. 30 p. *T.*

OFFERMANS (M.r A.-J.).

62 Vaches dans une Prairie.

On y remarque deux Vaches; l'une, rouge, couchée auprès d'un chêne, derrière lequel est une haie de planches; et l'autre debout et ruminant. La composition est terminée par des plaines d'une grande étendue, et parsemées de vaches dans le lointain. On distingue une ville à l'horizon.

H. 19 p., L. 25 p. 5 l. *T.*

OWATER (M.r V.).

63 La Ferme dans l'Ile : Étude d'après nature.

A la pointe d'une île, et sur le bord d'une rivière portant bateaux à voiles, on voit une maison construite en briques, et couverte en partie de tuiles et de chaume. Au-devant de cette habitation, qu'abrite un massif de grands arbres, sont deux figures de blanchisseuses : l'une dans un batelet, l'autre s'apprêtant à étendre du linge sur des perches.

Owater nous paraît être un autre Vanderheyden.

H. 12 p. 3 l., L. 13 p. 9 l. *T.*

PINAKER (Adam).

64 L'Annonce aux Bergers.

Au milieu de la nuit, des pâtres, couchés en plein air avec leurs bestiaux, aperçoivent dans le ciel une lumière éblouissante : l'ange du Seigneur leur apparait, et leur annonce que le fils de Dieu vient de naître. Le sujet est composé de cinq figures, les unes en adoration, les autres en extase, et d'un troupeau de vaches, de moutons et de chèvres.

En habile coloriste, Pinaker a su cacher, par un toit de chaume en ruines, le principal foyer de lumière, pour ne pas échouer, comme tant d'autres, dans la représentation d'un éclat impossible à rendre avec vérité. L'effet de son tableau n'en est que plus satisfaisant et plus magique.

H. 14 p., L. 16 p. 3 l. *B.*

PORBUS (François).

65 Portrait en pied de Henri IV, de grandeur naturelle.

Le monarque est vu debout, couvert du manteau royal, dans un vestibule à l'entrée d'un jardin, en 1608, deux ans avant sa mort. Ce portrait, rapidement saisi d'après nature, n'est pas flatté; il n'offre rien d'idéal, mais la vérité toute nue, l'air enfin de mélancolie, et pour ainsi dire de sévérité que ce prince devait avoir à cette époque. Dans le couvent où était ce portrait, on disait, de tradition, qu'il avait plusieurs fois produit une illusion complète. En effet, il porte un tel caractère de vérité, qu'il paraît être vivant, et qu'en sortant de le regarder, on croit pouvoir se dire: *Et moi aussi j'ai vu Henri!*

Porbus avait un frère religieux dans ce couvent, qui avait demandé au peintre ce portrait de Henri, en mémoire du rétablissement de leur ordre, que ce bon roi avait sollicité auprès du pape Paul V. Voici les deux inscriptions suivantes, relevées au bas du tableau, et qui indiquent à quelle occasion il fut commandé : *Henricus quartus cognomento Magnus, Galliæ et Navarræ Rex christianissimus, anno 1608, congregationem nostram occitanam reformatam ordinis prædicatorum, a summo pontifice Paulo V, litteris suis erigendam curavit.*

H. 72 p., L. 63 p. *T.*

66 Le Duc de Guise, *dit* le Balafré.

Il est vu de buste; son vêtement est noir, sa collerette est montante, sa tête est nue, ses cheveux sont courts et relevés, et il porte des moustaches, avec petite barbe. La tête est dans la proportion de six pouces.

H. 12 p. 9 l., L. 10 p. 2 l. *C.*

67 Le Duc de Mayenne, frère du précédent.

Ce portrait, qui forme pendant, n'a de différence dans le vêtement, que les manches qui sont violettes; ses moustaches sont naissantes, et son menton est sans barbe.

La beauté du pinceau et la vérité du ton nous paraissent portées à un degré bien éminent dans ces deux portraits, qui nous représentent dans leur jeunesse, ces deux personnages si célèbres.

H. 12 p. 9 l., L. 10 2 l. *C.*

RUBENS (Pierre-Paul).

68 Hommage des Jésuites de Louvain, à la mémoire du Jurisconsulte Yves, patron des avocats.

Ce vertueux personnage, qui fut canonisé après sa mort pour ses mérites, est représenté au moment où il reçoit les titres d'une pauvre veuve qui le prie de se charger de sa cause. Cette veuve éplorée est avec ses deux petits enfans, dont l'un est encore à la mamelle, et l'autre dans une attitude suppliante. Un ange descend du ciel, tenant une couronne qu'il s'apprête à poser sur le front du bienfaisant avocat, qui, vêtu d'une robe rouge et du chaperon de l'ordre, est debout en dehors du tribunal. On aperçoit, à l'entrée, quelques volumes et des liasses de papiers; et aux pieds du jurisconsulte, une crosse et une mitre offertes à ses vertus, et qu'il refusa par humilité; refus que Rubens a bien exprimé en plaçant ainsi ces attributs honorables. Du côté opposé, dans le lointain, on aperçoit un fond de paysage.

Les figures de ce tableau sont de grandeur naturelle, et la veuve qui paraît être, ainsi que les quatre autres figures, une étude d'après nature, a servi à Rubens pour la répéter sous l'emblême de la Vierge au pied de la Croix, dans un de ses tableaux les plus connus.

Ce prince de la couleur, véritablement grand peintre dans les différens genres qu'il a traités, et même dans les sujets de l'histoire ancienne qui demandent du style, est tout-à-fait supérieur dans les tableaux d'histoire moderne.

Celui-ci, qui est de la plus parfaite conservation, a de plus le mérite d'être tout entier de la main de Rubens, parce qu'à l'époque où les jésuites de Louvain le lui commandèrent, il n'avait pas encore besoin de se faire aider par ses élèves.

H. 105 p., L. 82 p. T.

69 Le Paysage aux Chèvres.

A la droite du tableau s'élèvent deux grands arbres

déjà jaunis par le soleil, entre lesquels est un saule. A la gauche, sur un terrain plus élevé, on remarque un bouquet d'arbres; au milieu, sur un terrain plus reculé, est un massif d'arbres encore verts; tout autour de ce tertre est pratiqué un chemin, à l'une des extrémités duquel un toit de maison rustique fait supposer que ce chemin descend à un bois dont on n'aperçoit que le sommet. Du côté opposé à ce chemin est un côteau couvert d'arbres, derrière lequel on découvre une grande étendue de pays qui se confond à l'horizon avec un ciel nuageux, mais du plus vif éclat. Au pied du tertre dont nous avons parlé, une rivière s'échappe en cascade, et vient traverser une partie du premier plan; auprès de cette cascade est un troupeau de chèvres, et sur le premier plan le chevrier assis cause avec une jeune femme debout, tenant un vase sous le bras.

Un paysage de Rubens, par sa seule rareté, serait un objet précieux; mais celui-ci nous paraît devoir intéresser d'autant plus, qu'il offre toutes les qualités que l'on admire dans les Ruisdaël et les Obbéma.

H. 27 p., L. 38 p. *T.*

70 L'Orage.

Sur le devant d'un paysage, dont le ciel est tout en feu et sillonné par la foudre, quatre ivrognes retournent au village par un chemin montueux: l'un ne pouvant plus marcher, est traîné par deux de ses camarades, et l'autre, arrêté au bord d'une petite rivière, ne peut se soutenir qu'à l'aide de son bâton. Tout auprès, dans un chemin creux, on aperçoit la tête d'une paysanne dont le corps est caché par l'élévation du terrain. Vers l'extrémité du chemin montueux, une autre femme parait le gravir avec peine; au bout de ce chemin est un cabaret, à la porte duquel sont attablés trois ivrognes, malgré l'orage. A droite du tableau, sur le premier plan, est un massif d'arbres, et du côté opposé, sur le même plan, une chaumière entourée d'une haie en planches. — Précieux échantillon d'un peintre poète

H. 11 p., L. 14 p. 6 l. *B.*

SCHELFHOUT (M.r).

71 L'Hiver : Paysage.

A droite du tableau, sur un terrain bordé par une petite rivière glacée, on distingue deux maisons de paysans, devant lesquelles sont quelques arbres dépouillés de leurs feuilles; au bord de ce terrain, et sur la glace, est un groupe de trois figures. Du côté opposé, sur le même plan, un paysan traverse la rivière glacée. Derrière ces figures est un pont de pierre : au-delà de ce pont est une plaine terminée par des arbres, au-dessus desquels on aperçoit quelques toits de maisons et des clochers.

H. 9 p., L. 12 p. *B.*

SEGHERS (Daniel), dit *le Jésuite d'Anvers.*

72 L'Emblême de la Communion.

Au-dessus d'un grand calice d'or placé sur un autel, s'élève une hostie; sous le calice est un linge consacré, sur lequel est écrit : *Ego sum Panis vivus.* Des deux côtés du calice, sont deux burettes de verre bleu, contenant des fleurs, et deux flambeaux d'argent portant des cierges allumés. L'autel, qui est en pierre, se termine par un ceintre surmonté d'un groupe en sculpture, représentant un pélican aux ailes étendues, qui nourrit ses petits de son sang. De chaque côté du pélican sont des cornes d'abondance également en pierre, et remplies de raisins et d'épis de bled figurés au naturel. Le devant de l'autel est garni d'une guirlande de fleurs, où l'on remarque des papillons et quelques autres insectes.

Le jésuite d'Anvers, qui s'est rendu célèbre par ses tableaux de fleurs et de fruits, nous paraît avoir montré du génie en faisant servir son talent de peintre de fleurs à représenter si heureusement un sujet d'un intérêt élevé.

H. 14 p., L. 9 p. 3 l. B.

STEENWICK (Henri).

73 Jésus conduit en prison.

La scène se passe au milieu d'une grande salle voûtée, éclairée aux flambeaux. Jésus, les mains liées, précédé et entouré de soldats, est conduit à une prison dont un garde tenant un flambeau entr'ouvre la porte. Dans une autre pièce du fond, auprès d'un grand feu, on aperçoit saint Pierre, entre un soldat et une servante, reniant son maître.

Les figures, qui nous paraissent être d'un habile peintre d'histoire, ajoutent au mérite de cet intérieur.

H. 16 p., L. 18 p. 6 l. T.

STOPFER (M.r).

74 La Cueille des Pommes.

Une vingtaine de figures environ, principalement de jeunes et jolies filles occupées à récolter des pommes, donnent un grand intérêt à ce paysage, qui est une étude d'après nature, aux environs de

Genève. Un paysan rustaud, dans un accès de gaicté un peu folle, dérange le fichu d'une de ces jeunes filles en jouant avec elle; celle-ci, tout en ayant l'air de se défendre, semble lui dire : *Doucement, celles-ci sont sur mon terrain, je ne veux pas qu'on les cueille.* Cet épisode paraît intéresser à un tel point une partie des jeunes travailleuses, qu'elles suspendent un moment leurs travaux.

On ne connait à Paris, de M. Stopfer, qu'un seul ouvrage en peinture, et ses tableaux sont aussi parfaits que rares.

H. 17 p., L. 21 p. *T.*

TENIERS fils (DAVID).

75 L'Estaminet.

Ce tableau, du bon temps du maître, est composé de neuf figures, dont trois sur le premier plan. Un fumeur en chemise, assis sur une escabelle, et le pied gauche posé sur un billot, tient un petit réchaud de terre pour allumer sa pipe. Debout, près de lui, un autre fumeur le regarde; en avant de ce dernier, un troisième tient sa pipe d'une main, et s'apprête à boire un verre de bierre posé sur un tonneau; dans le fond, cinq autres personnages, hommes et femme, boivent et fument sous une cheminée; sur un plan un peu plus rapproché, une vieille servante entre, leur apportant à boire et à manger. A droite et à gauche, sur le premier plan, sont des vases de terre de différentes couleurs.

H. 13 p., L. 18 p. 6l. *B.*

TILBORG (GILLES VAN).

76 Les Buveurs à la porte du Cabaret.

Cette composition de sept figures, sur le premier

plan, au nombre desquelles on remarque trois femmes, est de plus enrichie de différens accessoires analogues au sujet, tels que pots, vases, verres, etc. Au premier étage de ce cabaret, deux vieillards et un jeune homme sont témoins de la joie de ces buveurs, parmi lesquels l'un s'apprête gaîment à remplir son verre; l'autre invite à boire une de ses compagnes, qui paraît ne s'occuper que d'une autre femme assise en face d'elle; un autre ivrogne, debout, rit aux éclats en tenant sa pipe. Ce tableau de Tilborgh nous semble brillant des qualités que l'on admire dans ceux d'Ostade et de Téniers.

H. 28 p., L. 27 p. *T.*

VAN BASSEN (D.) ET VANDEVELDE.

77 La Prière à l'Église.

Intérieur d'un temple dont la perspective est fort étendue : on y remarque une chaire à prêcher et d'autres accessoires du plus précieux fini. Vandevelde y a placé une dizaine de figures peintes avec soin, dont la principale est une femme âgée priant au bas d'un escalier, devant une statue.

Ce tableau est signé D. Van Bassen, et, par la ressemblance parfaite qu'il offre avec d'autres tableaux du même genre, signés Delorme, on peut être autorisé à croire que le Peintre signait indifféremment de ses deux noms de famille, et que le D. est l'initiale de Delorme, si renommé pour ses intérieurs d'église.

H. 14 p., L. 20 p. *B.*

VERHEYEN (M.r H.), 1822.

78 Dessous de Porte d'une Auberge.

Cette auberge est construite en briques: on arrive au premier par un escalier en-dehors, au haut duquel est un fumeur; au travers des portes, qui sont ouvertes des deux côtés, on découvre l'entrée d'une rue, où l'on aperçoit quelques petites figures. Celles du premier plan sont au nombre de six, parmi lesquelles un vieillard, assis sur un banc, paraît gronder un petit garçon qui tient un cerceau; une femme, tout auprès, tenant un petit enfant dans ses bras, est accompagnée de deux enfans : on y remarque de plus un chien et une chèvre.

M. Verheyen est encore du petit nombre des artistes qui honorent l'école hollandaise moderne.

H. 16 p. 6 l., L. 12 p. 6 l. *B.*

VERMEULEN ET DEMARNE. (MM.)

79 **La Butte sablonneuse: Paysage.**

Des deux côtés du tableau, chef-d'œuvre de ce peintre hollandais, des arbres de différentes espèces se détachent sur un ciel nuageux; et au premier plan est un chemin bordé d'un terrain éboulé, au bas duquel est une marre d'eau dans l'ombre.

M. Demarne a enrichi de figures et d'animaux cette composition, qui rappelle les sites de Winantz, avec une exécution encore plus soignée.

H. 14 p., L. 18 p. *B.*

VICTOOR (JEAN).

80 **La Partie sur l'Eau.**

Une société en batelet aborde à une auberge, pour y manger du poisson; cette société se compose de six figures, trois hommes et trois femmes, tous assis dans le batelet, excepté une jeune femme écoutant un jeune homme qui joue de la flûte. Le batelier vient de piquer son croc, pour faire aborder; l'aubergiste, son bonnet à la main, salue en riant la société; un valet tire hors de l'eau un vaste réservoir en osier pour y prendre du poisson en réserve; une servante, par une croisée, tient un chaudron qui est en-dehors sur un banc; sur un autre banc parallèle, un homme fûme sa pipe, et une femme assise sur une chaise, tient un pôt de bière. Des arbres entourent l'auberge; entre deux touffes de ces arbres, on remarque un berceau couvert de verdure, sous lequel est une table à manger; plus loin dans la plaine, et au bord d'une rivière, un pâtre conduit des vaches.

La vérité d'expression et de couleur, place J. Victoor au premier rang de son genre.

H. 29 p., L. 3½ p. 6 l. *T.*

WOUWERMANS (Philippe).

81 Choc de Cavalerie.

Ce tableau, qui faisait autrefois partie de la magnifique collection de Lormier, célèbre amateur hollandais, est du ton chaud et vigoureux que Wouwermans aimait à employer dans ses batailles. Cette composition intéressante, est riche en figures et en chevaux répandus sur différens plans, et particulièrement sur le premier, où l'on remarque huit chevaux peints avec énergie, quoiqu'avec le plus grand soin : figures et chevaux, tout est animé dans ce conflit de vainqueurs et de vaincus; le feu le plus vif de l'action a lieu au pied de la montagne, où une partie des combattans est encore obligée de se défendre contre les assaillans qui sont au sommet, et d'où part un coup de feu qui atteint, culbute et fait rouler un malheureux soldat; vers le milieu de la montagne, non loin de lui, un charretier s'échappe avec un chariot de bagages; et sur le devant du tableau, parmi les morts, on distingue un officier étendu sur le dos; figure si parfaite, que, sous tous les rapports, elle est digne de Vandyck. Un autre officier fuit au milieu des eaux avec son drapeau. Sur un plan plus éloigné, et toujours au milieu des eaux, un trompette sonne la retraite; il est suivi de plusieurs cavaliers. La suite de la déroute se prolonge jusque sur un pont; au-delà de ce pont sont quelques arbres; de plus grands arbres sont sur la montagne; et un ciel, beau comme tous ceux de Wouwermans, couronne cette composition très-capitale.

H. 31 p., L. 39 p. *T.*

WÉENINX (Jean).

82 Le Manége.

Près des débris d'un palais antique, dont une partie habitée paraît servir de manége, un jeune cavalier richement vêtu, monte un cheval gris-pommelé, qu'il met au galop, et qu'un écuyer excite à coups de fouet. Un autre personnage à cheval regarde courir le premier, tandis qu'un jeune page, près d'eux, tient par la bride un cheval noir tout prêt à être monté à poil; une servante s'arrête sur un escalier pour regarder ce qui se passe dans le manége. Plusieurs autres figures et chevaux sont répandus sur différens plans; et dans le fond, on aperçoit une rivière traversée par un pont.

Ce tableau nous paraît être un des ouvrages distingués de J. Wéeninx.

H. 27 p., L. 42 p. *T.*

83 Le Repos de Chasse.

Dans ce tableau, aussi parfait que le précédent,

des personnages, qui, par leurs vêtemens, paraissent être d'une grande distinction, occupent le premier plan de la composition. On remarque d'abord une jeune femme vêtue d'une robe de soie rouge, assise sur l'herbe à côté d'une petite fille qui tient un chien sur ses genoux; tout auprès, est un cheval gris-pommelé qu'un domestique tient par la bride; on remarque aussi un cavalier sur son cheval, et plusieurs chevaux dont les chasseurs sont descendus. En avant du premier plan est couché un grand levrier auprès d'un coq et de deux poules. Le paysage offre un côteau, sur lequel sont une pyramide et de grands monumens d'architecture. Le fond représente la mer, sur le rivage de laquelle on aperçoit différens personnages, tant à pied qu'à cheval.

H. 27 p., L. 42 p. *T.*

YOUNG (M.r).

84 L'Herbage.

On y voit quatre vaches et un veau : deux vaches et le veau sont couchés sur l'herbe, une autre paît, et la cinquième rumine. On découvre d'autres vaches dans l'éloignement. Ce peintre hollandais, quoique jeune, nous paraît suivre de près A. Cuyp.

H. 15 p. 4 l., L. 20 p. 10 l. *B.*

ÉCOLE FRANÇAISE.

ADAM (M.r).

85 Le Marchand de Poissy.

Il est descendu de cheval à la porte d'un cabaret, et se rafraîchit avant de se mettre en route.

H. 12 p., L. 15 p. *T.*

86 Le Postillon.

Il est occupé à fumer en attendant que son cheval ait mangé. Tableau aussi agréable que le précédent.

H. 12 p., L. 15 p. *T.*

BATTARD et TAUNAY (MM.).

87 Les Cascades.

Vue de la campagne, aux environs de Rome : le site, un des plus riches qu'on puisse rencontrer, est éclairé par un beau ciel, pris à l'heure de midi ; à gauche du tableau est une masse d'arbres et arbustes sur un rocher, au pied duquel sont des herbes et des plantes variées et terminées avec le plus grand soin ; sur la droite, un chemin tourne et se prolonge au loin ; un lac, que traverse un pont, part du milieu du paysage et vient se perdre sur le premier plan ; au bord de la rivière, un jeune homme puise de l'eau dans un vase ; un autre et une jeune fille s'en retournent avec leur vase rempli ; vers le haut du chemin paraît un homme à cheval, précédé d'un chien ; enfin quelques petites figures se baignent près du pont, tandis que d'autres le traversent. Le fond du paysage est terminé par quelques fabriques, une montagne boisée, et des plaines étendues qui se confondent dans l'horizon.

Ce tableau, enrichi de figures de M. Taunay, est un de ceux que l'auteur a le plus soignés.

H. 26 p., L. 36 p. *T.*

BALTARD et SWEBACH (MM.).

88 La belle Soirée.

Paysage représentant une vue prise dans les environs de Lyon, vers le commencement de l'automne, et peu de momens avant le coucher du soleil. Une rivière, la Saône, en divise les derniers plans; les premiers sont enrichis de beaucoup de figures charmantes, peintes par M. Swebach.

Ce tableau est digne du précédent.

H. 9 p., L. 12 p. *T.*

BERRÉ (M.r).

89 La Prairie au bord de l'eau.

Dans ce tableau, d'un effet piquant, et l'un des plus réussis du peintre, une vache couchée, qui se dépose sur un massif d'arbres, se fait particulièrement remarquer; non loin d'elle, et près d'un saule, on voit des moutons; et, plus sur le premier plan, on voit une autre vache debout. On aperçoit encore un jeune pâtre avec son chien se reposant sur l'herbe. Au loin, dans la plaine, on distingue quelques autres vaches.

H. 9 p., L. 12 p. 8 l. *B.*

BERTAUX (J.), *de l'ancienne Académie de Peinture.*

90 Passage, sur le Pont-Neuf, de Napoléon, avec un nombreux cortége, se rendant à Notre-Dame le 2 décembre 1804.

H. 33 p., L. 37 p. 6 l.

BILLECOCQ (M.r).

91 La Nourrice dans son Ménage.

Ce sujet, composé de six figures principales, représente deux paysans buvant, assis à une table; une femme debout à côté d'eux; et, sur le premier plan, une jeune ménagère assise près du berceau de son enfant qu'elle va allaiter; un autre de ses enfans, plus âgé, est debout auprès d'elle.

H. 6 p. 4. l., L. 8 p. 4 l. *B.*

91 *bis.* La Famille du Fermier.

On compte onze figures dans ce tableau, dont cinq sur le premier plan. Une jeune villageoise, ayant un panier sous le bras, cause avec deux paysans; plus loin, une vieille femme est appuyée sur un buffet, et devant elle est une petite fille relevant son tablier. Selon nous, M. Billecocq n'a jamais fait de plus jolis petits tableaux.

H. 6 p. 4 l., L. 8 p. 4 l. *B.*

BOILLY.

92 Les Bulles de Savon.

Une jeune femme debout près d'une table où sont ses gants, son schall, un carton, et une terrine contenant de l'eau savonneuse, tient au bout d'un chalumeau une bulle de savon, qu'un jeune enfant, de l'autre côté de la table, voudrait atteindre. Elle est coiffée en cheveux, porte un fichu bouffant, et est vêtue d'un spencer bleu à manches roses, pardessus une longue robe de satin blanc. Dans un coin du tableau, on voit une guitare posée sur un fauteuil.

M. Boilly, dont on a toujours su apprécier le talent, verrait ses tableaux aussi recherchés qu'autrefois, si, comme celui-ci, ils offraient un costume agréable et éloigné des exagérations de la mode.

H. 15 p., L. 12 p. *T.*

BOISSIEU (de).

93 La Prière au pied de la Croix, dans les champs.

Sur l'un des premiers plans, on remarque une espèce de pyramide surmontée d'une croix, au-devant de laquelle une paysanne est à genoux, et un paysan ôte son chapeau. Les figures de M. Leprince donnent un intérêt de plus à cette charmante étude d'après nature.

H. 7 p., L. 12 p. *T.*

BORNOT (M.r)

94 L'Annonciation Mazarine.

Hortense Mancini présente à sa sœur Marie, au nom du jeune roi Louis XIV, qui aimait cette dernière, un bouquet allégorique de roses et de lis.

La description plus détaillée est au bas du dessin ci-dessous, fait d'après ce tableau d'une bonne couleur.

H. 35 p., L. 46 p. *T.*

95 Dessin du Sujet précédent.

BOUCHER (François), *en Italie.*

96 La Rencontre sur la Route.

Une jeune fermière, sur un mulet que précède un chien, tient un panier d'œufs devant elle; un jeune berger qui conduit un troupeau, la suit à cheval, et semble lui demander le chemin.

Si Boucher fût resté en Italie, le mauvais goût qui régnait en France ne l'aurait pas subjugué à son retour dans sa patrie, et il aurait laissé la réputation d'un peintre distingué. Cependant, en faisant un choix dans ses ouvrages, il serait facile d'en rencontrer plusieurs dignes de figurer dans la collection des bons peintres de l'Ecole française. Quelqu'inégal, en effet que l'on se soit montré dans ses ouvrages, on ne peut pas avoir fait époque, sans un talent supérieur.

H. 15 p. 2 l., L. 11 p. 10 l. T.

BOURDON (Séb.).

97 **Les Joueurs de Cartes.**

Sous des ruines habitées par des paysans, deux soldats, l'un à genoux, l'autre assis, jouent aux cartes sur un billot; quatre paysans, hommes et femmes, les regardent jouer; un chien est couché dans un coin de la composition. On remarque dans ce tableau quelques accessoires, tels qu'un rouet, des paniers, un tonneau et des bouteilles de grès recouvertes d'osier; vers le haut d'une grande ouverture cintrée, qui formait jadis porte, un chat, grimpé sur une poutre, se dépose sur le ciel. Dans ce genre, où Bourdon a excellé, il serait difficile de trouver de lui un tableau plus parfait.

H. 25 p., L. 21 p. 4 l. T.

98 **La Querelle au corps-de-garde.**

Dans cet intérieur, qui se fait remarquer par une entente parfaite de clair-obscur, on compte six figures, parmi lesquelles deux se battent auprès d'une table où l'on remarque principalement des cartes, un morceau de pain et un pot de grès. Deux militaires cuirassés, dont un tient un verre à bierre, regardent les combattans; un enfant, tête et pieds nus, parait demander la charité; et la sixième figure représente un militaire se chauffant à un feu de cheminée; des cuirasses sont posées près de lui.

H. 25 p., L. 21 p. 4 l. T.

Suite des Tableaux de Bourdon.

99 Le Mariage de sainte Catherine.

Dans un fond de paysage, au soleil couchant, la Vierge, assise sur le premier plan, soutient devant elle l'Enfant-Jésus qui présente une bague à sainte Catherine, à genoux devant lui.

Bourdon a eu le bonheur de traiter avec un grand succès le genre, l'histoire et le paysage.

H. 18 p. 4 l., L. 19 p. 4 l. *T.*

BOURGEOIS (Constant).

100 Le Soleil couchant : site d'Italie.

On aperçoit différentes fabriques italiennes élevées sur un monticule; derrière ces fabriques une chute d'eau s'échappant des montagnes, vient tomber en cascades par un aqueduc; des bergers et bergères se livrent aux plaisirs de la danse devant ces fabriques. Au bas, sur le premier plan, un berger, suivi d'un chien, conduit un troupeau de moutons; le côteau opposé, tout-à-fait privé de lumière, est couronné d'arbres, dont la masse forme une opposition avec les fonds et le ciel, qui sont du ton le plus chaud et le plus vif.

Pourquoi M. Bourgeois, si supérieur dans ses dessins, n'en a-t-il pas fait moins, pour faire plus de tableaux aussi bons que celui-ci!

H. 20 p., L. 25 p. *T.*

BOURGEOIS (*M. le Colonel*).

101 La Route entre les montagnes.

Sur cette route montueuse frappée des rayons du soleil, on remarque un conducteur, piquant, pour les faire avancer, deux bœufs attelés à un chariot chargé de foin. Dans ce tableau, d'une bonne couleur, d'une exécution ferme et d'un effet large, M. Bourgeois prouve qu'il peut sortir de la classe des amateurs qui ne travaillent que pour leur plaisir, et se placer sur la ligne de nos paysagistes.

H. 15 p., L. 17 p. *T.*

BOUTON ET TAUNAY (MM.).

102 Le Dessous de Porte.

Au travers d'une voûte formant porte des deux côtés, on découvre l'entrée d'une rue éclairée des rayons du soleil, et où circulent quelques figures. Au-dessus de la porte antérieure, un réverbère est suspendu; et sur le premier plan, dans l'ombre, un homme à cheval conduit deux bœufs précédés d'un chien. Les figures et animaux de M. Taunay sont en si parfaite harmonie dans cette délicieuse étude, qu'on croirait tout le tableau de la même main.

H. 12 p., L. 9 p. *T.*

BRUANDET.

103 La Chasse aux Canards : Paysage.

Sur un terrain sablonneux, en partie éboulé et frappé des rayons du soleil, parait un vieux chêne entièrement creusé jusqu'à l'écorce, et dont la moitié n'existe déjà plus. Sur une petite branche de cet arbre est perché un hibou. Derrière, on aperçoit un coin de la forêt de Fontainebleau. Au même plan et de l'autre côté, coule une rivière au bord de laquelle un chasseur tire sur des canards. Bruandet, le plus vrai de tous les paysagistes français, s'est montré dans ce tableau l'émule des Winantz et des Ruysdael.

H. 18 p., L. 21 p. 8 l. *T.*

BRUANDET ET DEMARNE.

104 Le Bois de Boulogne.

Bonne étude d'après nature, que M. Demarne a enrichie de plusieurs animaux et figures, parmi lesquelles on remarque une jeune fille assise sur l'herbe, et retenant un chien qui aboie après un cheval blanc monté par deux villageois, homme et femme. Derrière la jeune fille est une chèvre et une vache rousse qui broutent, et derrière le cheval est une vache noire.

H. 16 p., L. 20 p. *T.*

BRUANDET ET SWEBACH.

105 Le Moulin.

Sur le premier plan du tableau est un chemin qui conduit à un moulin; d'un côté on aperçoit le commencement du village: le fond est terminé par une plaine et des montagnes. Les figures représentent une femme assise causant avec un homme à cheval. Ce joli tableau est peint d'après nature.

H. 8 p., L. 11 p. *B.*

BURCH (VANDER) ET M.r DUVAL.

106 Paysage: site d'Italie.

On aperçoit une ville dans le fond, et du côté opposé quelques fabriques sur une montagne; vers le milieu du tableau, une femme sur un âne cause avec un conducteur de moutons, avant que d'entrer dans un bois qui traverse la route. Ce bon tableau a toujours passé pour être de M. Taunay.

H. 12 p., L. 15 p. *T.*

CARAFFE (Louis).

107 L'Extérieur du Musée.

Un guerrier français, vêtu à la manière des triomphateurs romains, se dispose à entrer au Musée enrichi du fruit de ses conquêtes. L'Histoire, à laquelle les ailes du Temps en repos servent d'appui pour écrire ses fastes, contemple le héros; le Génie de cette muse apporte plusieurs manuscrits relatifs à la conquête des chefs-d'œuvre des beaux-arts; la Renommée aux aîles étendues sonne de la trompette, et sur une pierre qui reçoit la source précieuse qui découle du Musée, sont écrits ces mots : *Pactole des Artistes.*

H. 20 p. 10 l., L. 14 p. 5 l.

CHARDIN.

108 Portrait de Louis XVIII dans son enfance, et de grandeur naturelle.

Ce jeune prince, vêtu d'un petit uniforme vert avec manteau de même couleur bordé d'hermine, et le sabre au côté, est représenté assis sur un coussin de velours qui recouvre une simple chaise: il tient sur ses genoux une coquille, dans laquelle est une bulle de savon, et de l'autre main le chalumeau avec lequel il vient de la faire; il paraît sourire avec malice, comme faisant le petit Charlemagne. Sa bulle de savon est assez grosse en effet pour représenter la boule du monde, et il tient son chalumeau à la manière d'un sceptre.

Chardin, qui a excellé dans plus d'un genre de peinture, nous paraît s'être surpassé dans ce portrait, non-seulement sous le rapport de l'exécution, qui fait illusion, mais même sous celui de la ressemblance, puisqu'il est facile d'y reconnaître encore les traits et la conformation du feu Roi. C'est donc un portrait des plus précieux, et de plus un tableau charmant.

H. 38 p., L. 30 p. T.

CHAUDET.

109 Portrait de Napoléon.

Cette esquisse d'après nature, peinte en moins de deux heures, passe pour être de la plus parfaite ressemblance.

Chaudet, qui était un des plus habiles sculpteurs du siècle, s'exerçait quelquefois dans l'art de la peinture, et quoiqu'il ne fût pas coloriste, il y obtint quelques succès dont on se souvient encore.

H. 15 p., L. 11 p. T.

COURTEIL ET VALLIN. (MM.)

110 L'Ivresse d'un Satyre.

Un jeune faune, assis à quelques pas d'un autel érigé au dieu Pan, tient sur ses genoux une bacchante qui se livre à ses caresses; un vieux satyre dort à côté de l'autel, et le groupe lui fait les cornes.

La couleur très-gaie de ce tableau est bien celle qui convient au sujet.

H. 12 p., L. 15 p. T.

111 L'Ivresse d'une Bacchante.

Un faune trouvant une bacchante plongée dans le sommeil de l'ivresse, écarte un voile qui lui dérobait ses charmes.

Ce tableau, qui peut faire pendant au précédent, réunit les mêmes qualités.

H. 12 p., L. 15 p. T.

DANLOUX.

112 Le petit Gourmand.

Un jeune écolier, après avoir découvert un pâté, écoute pour savoir si quelqu'un vient. La table sur laquelle est ce pâté est couverte d'un tapis, d'une bouteille, d'un verre, etc. Le chien paraît attendre que le petit gourmand partage avec lui. Ce tableau a toujours été cru de Greuze.

H. 8 p. 10 l., L. 11 p. 2 l. *B.*

DAVID (M.r).

113 Joseph expliquant les songes dans la prison.

Cette prison, éclairée par le haut, et qui paraît être le débris d'un ancien temple, renferme le panetier et l'échanson de Pharaon, à demi-nus et assis; ils semblent écouter avec la plus grande attention l'explication que Joseph leur donne de leurs songes.

Dans ce tableau, que M. David a peint en Italie, on reconnaît la manière du Valentin, qu'il adopta en place de celle qui régnait alors dans l'école française. Le tableau du Valentin, qui détermina cette nouvelle manière de peindre de M. David, est la Cène, dont il fit la copie, que l'on voit encore à l'exposition de son tableau de Mars et Vénus; et c'est surtout par le tableau de la mort de Socrate que M. David a prouvé qu'il avait égalé le Valentin dans sa belle manière de peindre et dans son entente parfaite du clair-obscur.

H. 38 p., L. 30 p. *T.*

114 Tête d'expression.

Ce buste de femme est une étude d'après nature

que le Peintre avait faite pour représenter Andromaque, dans son grand tableau connu sous ce nom. L'expression de cette tête, dont le regard est levé vers le ciel, annonce la douleur; elle est coiffée d'une draperie blanche, son col est nu, et ses épaules sont recouvertes d'une draperie violette.

Cette étude, peinte avec le plus grand soin, était si célèbre dans l'atelier du peintre, que ses plus habiles élèves ont voulu la copier. Il est sans doute inutile que nous fassions remarquer à MM. les Amateurs que ce tableau est l'original.

H. 18 p., L. 21 p. T.

115. Le Solitaire, ou l'Ane à l'Écurie.

Dans l'intérieur d'une écurie, un âne attaché au bas des marches de l'entrée, les oreilles couchées, l'air triste, parait attendre qu'on lui apporte sa nourriture; et dans le fond est un ratelier manquant de provisions. Ce tableau, qui a la vérité de l'école hollandaise, est connu sous le nom du *Solitaire.*

Il fut peint d'après nature, à l'occasion suivante: David et Valenciennes étant un jour à une certaine distance de Rome, et au milieu de la campagne, pour aller faire des études de paysages, furent surpris par un orage si violent, qu'ils se trouvèrent fort heureux de rencontrer pour refuge une masure: la porte étant entr'ouverte, ils aperçurent ce paisible animal dont ils partagèrent l'asile. Pendant que Valenciennes regardait avec impatience quand l'orage finirait, David, qui avait pris ses pinceaux, s'empressait de transmettre sur la toile le portrait de l'hôte dont la demeure les mettait à l'abri. La pluie n'ayant cessé que lorsque la journée était fort avancée, les deux peintres retournèrent à Rome; et madame Vien, en prenant des mains de son mari cette étude qu'il trouvait parfaite, y laissa, sans le vouloir, la trace de son pouce, qu'on aperçoit au bas du tableau.

H. 17 p., L. 22 p. *T.*

116 La Vestale condamnée.

Elle s'avance tristement vers le souterrain où l'on va l'enterrer vivante. Des amis suivent ses pas, et témoignent l'excès de leur désespoir. On trouve dans cette esquisse, d'une belle couleur et d'un effet large, toute la chaleur d'une âme bien pénétrée de son sujet; et cette composition, exécutée en grand, n'aurait pas été sans doute un des moindres chefs-d'œuvre de l'auteur.

H. 15 p., L. 18 p. *T.*

DEBUCOURT (M.r).

117 La Lecture.

Dans l'intérieur de son ménage, une fermière assise, tient sur ses genoux un livre dont la lecture paraît l'occuper; près d'elle est un jeune garçon assis à terre, et jouant avec un chien. Dans le fond sont plusieurs petites figures groupées ensemble.

H. 6 p. 6 l., L. 8 p. 6 l. *B.*

118 La Ménagère occupée à coudre.

Elle est assise près de deux enfans, garçon et fille; dans le fond on aperçoit plusieurs figures à table. Ce sont deux jolies échantillons de l'artiste.

H. 6 p. 4 l., L. 8 p. 4 l. *B.*

DELARIVE (M.r).

119 Les Baigneuses effrayées : Paysage.

Sur le premier plan de ce paysage, du site le plus pittoresque, un troupeau de vaches de différentes couleurs et une chèvre blanche, passent un gué produit par une cascade. Des jeunes femmes nues, qui se baignaient, au nombre de six, s'enfuient sur un pont en débris, à la vue de ces vaches, dont une semble les poursuivre. Aux deux côtés de ce paysage sont des fabriques et monumens en ruines; à l'entour de ces monumens, et dans l'espace qui les sépare, la nature présente la plus belle végétation. Derrière est une montagne immense couverte de forêts, et du ton des nuages qui la couvrent en partie et l'obscurcissent entièrement, ce qui forme un contraste piquant. Plus loin encore est une autre montagne, qui se confond à l'horizon avec des torrens de pluie.

Delarive, qui a habité la Suisse et passé une grande partie de sa vie en Italie, est peu connu en France, où l'on possède à-peine de ses ouvrages. Celui que nous offrons ici, et qui passe pour être son plus capital, a joui d'une grande réputation en Italie.

H. 42 p., L. 54 p. *T.*

DEMARNE (M.r).

120 La Route de Saint-Denis.

D'un côté la route est bordée d'une rangée d'arbres touffus; de l'autre, règne une longue muraille attenant à une ferme dont la porte est ouverte. Une femme assise sur un banc de pierre près de cette porte, cause avec un paysan. Sur le milieu du chemin, une seconde femme, pour amuser son enfant, l'asseoit sur le dos d'une vache que mène un jeune garçon; d'autres figures et beaucoup de bétail enrichissent encore ce tableau capital, peint avec une heureuse et savante facilité, et d'un ton simple et vrai comme la nature. Ce tableau n'était jadis qu'une esquisse que M. Demarne avait faite rapidement, et ornée seulement de deux figures; il l'a repeinte depuis entièrement, et l'a enrichie de cette quantité de figures et d'animaux que l'on y voit aujourd'hui.

H. 37 p., L. 51 p. *T.*

121 Le Moulin de Renoville.

Ce tableau, entièrement peint d'après nature par M. Demarne, représente un moulin à eau; on y aborde d'un côté par un escalier en pierre, au haut duquel on distingue une figure; au bas de ce moulin, et au bord de la rivière qui traverse le paysage dans toute son étendue, sont des blanchisseuses; de l'autre côté de cette rivière, sur le premier plan, un paysan assis sur le bout d'une planche pêche à la ligue. Des canards se promènent sur l'eau. Dans l'éloignement on découvre le clocher du village. Ce tableau a l'harmonie d'un Lantara.

H. 13 p., L. 16 p. *T.*

122 Le Matin.

D'un côté est une église au bord d'une rivière qui traverse le tableau dans toute son étendue, et qui aboutit dans un coin du premier plan; plus loin, au bord de la rivière, et dans un bateau, on aperçoit quelques petites figures.

C'est le pendant du Taunay du N.° 210.

H. 4 p., L. 3 p. 6 l. *B.*

DESNOYERS (M.r A.-B.).

123 Le Pressentiment de la Croix.

La Vierge et l'Enfant-Jésus, auquel le petit saint Jean présente une croix.

Ce Dessin, d'après un tableau non gravé de Raphaël, a été demandé à M. Desnoyers, pour le faire graver en *pendant* à *la belle Jardinière* de Raphaël; et nous croyons que la gravure de ce *pendant* aurait du succès. Ce Dessin a de plus le mérite de la rareté; car de tous ceux que M. Desnoyers a exécutés avec une si rare supériorité, c'est le seul qui ne soit pas entre ses mains, et qui ne soit pas sa propriété.

H. 17 p. 6 l., L. 13 p.

DESTOUCHES (M.r P.-E.).

124 Diane de Poitiers obtenant de François I.er la grâce de son père.

D'une main, le Roi, repousse le chancelier qui lui apporte à signer la sentence de mort, et de l'autre il relève Diane de Poitiers qui est à ses genoux devant lui. La Reine est appuyée sur le fauteuil du Roi. Deux pages sont à l'entrée de l'appartement; le plus âgé fait signe à l'autre de garder le silence.

Ce tableau et la Résurrection du Lazare, qui a partagé dans le temps le prix accordé au meilleur ouvrage du Salon, sont les débuts de l'auteur. Il a tenu depuis tout ce qu'il promettait, et il promettait d'être classé parmi nos bons artistes: sagesse de composition, vérité de couleur et de dessin, exécution ferme, brillante et soignée; le tout sans manière; il ne lui reste plus qu'à suivre la route où il est entré avec tant de succès.

H. 67 p., L. 50 p. *T.*

125 Schéhérazade racontant au Sultan Schariar, en présence de sa sœur, une des aventures des Mille et une Nuit.

Le Sultan est assis sur des coussins devant un sopha, sur lequel pose un de ses coudes. Schéhérazade à genoux, et s'appuyant sur lui, sourit en lui parlant. Derrière ce groupe, sa sœur est couchée sur le sopha. Non loin d'eux, une cassolette exhale des parfums. Tout ce tableau est très-riche de détails, même le fond d'architecture.

Il est du petit nombre de ceux que M. Landon a choisis pour être gravés dans les 2000 tableaux environ qui ornaient les vingt salles de l'exposition de cette année; et ce choix seul ferait son éloge.

H. 30 p., L. 25 p. *T.*

126 Marie-Stuart, sauvée de prison par Douglas.

Elle se retourne, ayant encore un pied sur la dernière marche, par la crainte qu'elle éprouve du bruit occasionné par un prisonnier qui, à travers ses barreaux, cherche à savoir ce qui se passe.

Le comte Douglas donne la main à la reine; un page, chargé d'une cassette et d'un manteau, les précède.

Ce tableau nous paraît parfait dans son genre.

H. 35 p., L. 28 p. *T.*

127 *Vivre loin de ses amours.*

Une jeune personne cherche à adoucir par la musique les tourmens de l'absence.

C'est la jolie romance de M. Boieldieu mise en action : et le peintre nous paraît avoir égalé le musicien.

Ce tableau, ainsi que le précédent, faisait partie de la dernière exposition du Salon.

H. 23 p., L. 18 p. T.

128 Les Bulles de savon.

Un jeune garçon nu, et sortant de sa baignoire, sur le bord de laquelle il est assis, souffle en l'air une bulle de savon qu'il vient de faire. On ne saurait s'exprimer avec plus de vérité en peinture.

H. 35 p., L. 27 p. T.

DROLLING (MARTIN).

129 L'Épée du Grand-Frédéric.

Napoléon, accompagné d'un général prussien et de deux de ses principaux officiers, entre dans l'ancien cabinet du Grand-Frédéric, près d'une table où sont déposées son épée et son écharpe. Le moment représenté est celui où Napoléon se tourne vers l'officier prussien, pour annoncer qu'il s'empare de ces deux objets. Un des officiers français fait signe aux militaires qui le suivent de ne pas aller plus loin.

H. 15 p., L. 19 p. T.

130 L'Oiseau mangé par le Chat.

Une jeune villageoise, en rentrant chez elle, voit avec douleur que sa cage est renversée, et que l'oiseau, dont il ne reste plus que les plumes, a été mangé par un chat. Sous une table, qui supporte un panier et un pot de grès, on aperçoit le chat qui s'éloigne.

H. 17 p., L. 14 p. T.

131 Tableau peint des deux côtés.

L'un des côtés représente une jeune femme dans son ménage, tenant un enfant, à laquelle une voisine présente une pomme; un autre enfant joue avec une chaise; derrière, dans le fond, on aperçoit le père qui entre dans une autre pièce.

L'autre côté du tableau représente l'extérieur d'une maison de paysan au milieu des champs. Un villageois, la gibecière sur le dos, parait quitter une jeune femme qui tient un enfant à la mamelle. Du côté opposé, un cabaretier attend ce villageois pour trinquer avec lui.

H. 8 p., L. 11. p. (*sur Papier*).

132 Visite au Tombeau du Grand-Frédéric.

Napoléon, visitant en Prusse le tombeau du Grand-Frédéric, est accompagné de quatre officiers. Le gardien du lieu paraît répondre aux questions qu'on lui fait.

H. 7 p., L. 8 p. 6 l. *T.*

133 La Confidence.

Une jeune femme vêtue de blanc est assise sur un canapé, à côté d'une de ses amies; elle parait s'entretenir avec elle d'une lettre dont elle vient de lui faire la lecture.

Ces six tableaux, quoique peints au premier coup, ont le charme habituel des ouvrages de Drolling.

H. 9 p., L. 11 p. 6 l. *T.*

DUNOUY ET DUVAL (MM.).

134 Les Environs de la Chartreuse.

Charmante étude d'après nature, dans la Calabre,

aux environs de la Chartreuse. Les figures, par M. Duval, représentent un chartreux causant avec une femme, et un paysan chassant devant lui un âne et des brebis.

H. 7 p., L. 10 p. *B.*

FRAGONARD (Honoré).

135 L'Heureux Ménage.

Un jeune époux, assis et renversé sur un canapé, jouit des caresses de son enfant qui s'élance pour l'embrasser, et qu'il soutient dans ses bras. Son épouse, non moins heureuse, est debout derrière lui, et s'appuye tendrement sur ses épaules. Un perroquet, les ailes étendues et le bec ouvert, veut partager la joie de l'heureux ménage : il est de la famille.

C'est avec un petit nombre de tableaux aussi excellens, que Fragonard, vers la fin du dernier siècle, a acquis à son nom une illustration que M. son fils soutient dignement.

12 p. 6 l. Forme ronde.

GÉRARD (M.lle).

136 Le jeune Écolier.

Ce charmant enfant, vu à mi-corps, a la tête et le col nus; et ses beaux cheveux blonds bouclés, tombant sur ses épaules, l'embellissent encore. Quoique de la plus petite dimension, cette étude, d'après nature, donne toute l'idée du beau talent de mademoiselle Gérard.

H. 7 p. 8 l., L. 6 p. *T.*

GÉRARD (M.r), *premier peintre du Roi.*

137 Le Père de Psyché, consultant l'Oracle d'Apollon : (Dessin de cinq figures.).

La santé de Psyché dépérissant de jour en jour, son père alla consulter l'oracle d'Apollon, qui répondit que Psyché, revêtue des ornemens d'un funèbre hyménée, devait être conduite et abandonnée sur un rocher, où elle serait mariée à un monstre terrible (l'Amour).

L'artiste a heureusement supposé que Psyché et sa mère, impatientes de connaître la réponse de l'oracle, ont pénétré dans le temple d'Apollon, en-même-temps que ce roi infortuné, accablé comme elles des ordres cruels du destin.

Par une adresse aussi heureuse, il a introduit l'Amour, qu'il suppose avoir fait parler l'oracle, et qui, caché derrière la porte entr'ouverte, veut connaître l'effet que produira cette réponse.

Il n'appartenait qu'à notre Gérard, dont le goût et la raison conduisent toujours les pinceaux, de trouver le moyen de tracer intelligiblement ce sujet intéressant, qui, rendu comme le décrit Apulée, n'aurait pu être compris qu'à la lecture. C'est ainsi que dans le délicieux tableau de *Daphnis et Chloé,* nouveau chef-d'œuvre qu'il vient de terminer, il a su prêter un charme de plus à Longus.

Ce serait peut-être ici l'occasion de féliciter M. David d'avoir formé les Gérard, les Girodet, les Gros, et tant d'autres artistes célèbres qui marchent de succès en succès, quelque genre qu'ils traitent, et qui, de concert avec ce maître immortel, ont déjà marqué, dans la postérité la plus reculée, la place supérieure que l'école française doit obtenir entre toutes les autres écoles.

H. 7 p., L. 5 p, 61.

GÉRICAULT.

138 Maréchal-des-Logis des Sapeurs du 1.er Hussards.

Ce militaire, vu de face, traverse, à cheval, une rivière, et tient un autre cheval par la bride.

Cet ouvrage de Géricault, au premier aspect, paraît être d'un grand maître de l'ancienne école.

H. 35 p., L. 25. p. *T.*

GIRODET-TRIOSON.

139 Bélisaire.

Dépouillé de ses richesses, et emprisonné sur de fausses inculpations par les ordres de l'empereur Justinien, dont il avait été le plus ferme appui, il est réduit à implorer la commisération publique à l'aide d'un panier qu'il a descendu avec une corde à travers les barreaux de sa prison, à Constantinople.

Girodet, scrupuleux observateur de l'histoire, s'est écarté avec raison de la fable accréditée par le roman de Marmontel, qui représente Bélisaire aveugle, et mendiant dans les places publiques.

Cette demi-figure, que nous regardons comme l'une des plus parfaites de ce grand peintre, paraît être, au premier coup-d'œil, la réminiscence d'une des figures de la cène de Léonard-de-Vinci, quoiqu'elle soit fidèlement peinte d'après nature.

H. 24 p., L. 20 p. *T.*

GRENIER (M.r).

140 Rémus et Romulus trouvés par le Berger Faustus.

Dans ce sujet, composé de sept figures, on remarque deux jeunes femmes s'occupant d'un des enfans que Faustus vient de leur confier. Il tient encore l'autre, que son chien parait vouloir caresser. Ce sujet se passe en-dehors d'une grotte, à l'entrée de laquelle une jeune femme est assise, dans l'ombre; elle prend une jatte de lait qu'elle destine aux enfans. Le talent aussi varié que distingué de M. Grenier, l'a placé sur la ligne de nos habiles artistes.

H. 12 p., L. 15 p. *T.*

GREUZE (J.-B.)

141 Portrait en buste de l'Auteur.

Il est vu presque de face; une cravatte à peine nouée laisse apercevoir son col. Il est vêtu d'un habit bleu-verdâtre et d'un gilet rouge.

Portrait précieux sous le rapport du talent et du personnage.

H. 17 p., L. 14 p. *T.*

142 L'Attention.

Une jeune fille paraît s'arrêter, en courant, pour écouter ou pour regarder; elle est vue à mi-corps, vêtue de noir, et les cheveux un peu en désordre.

Tableau du meilleur temps de l'auteur.

H. 22 p. 6 l., L. 18 p. 6 l. *T.*

143 L'Heure du Rendez-vous, Portrait de mademoiselle Arnoult.

M.lle Arnoult, aussi célèbre par son esprit que par son talent théâtral, est représentée un peu plus

Suite des Tableaux de Greuze.

qu'en buste, la tête nue, un fichu de gaze noire sur les épaules, et une lettre à la main. Sa figure exprime ce que Greuze seul pouvait rendre.

Ce délicieux tableau réussirait à la gravure, M.lle Arnoult n'ayant jamais été gravée.

H. 17 p., L. 15 p. *T.*

144 La Crainte. (Pastel.)

Cette figure d'expression, l'une des plus parfaites de Greuze, a les cheveux épars, et paraît fuir en retournant la tête.

H. 14 p. 6 l.. L. 12 p.

145 La Surprise agréable. (Pastel.)

Charmant portrait de M.me Greuze jeune : elle est coiffée d'une espèce de baigneuse attachée sous le menton.

H. 12 p., L. 9 p.

GUÉRIN (M.r).

146 Triomphe de Psyché.

Dans une place entourée d'édifices, et consacrée au culte de Vénus, le peuple, après avoir renversé les autels de cette Déesse, s'empresse de couronner Psyché, qui reçoit modestement cet hommage. On lui dresse des autels, et on la proclame Déesse de la beauté.

Il est malheureux pour les arts que M. Guérin n'ait pas fait un grand tableau d'après cette charmante esquisse.

H. 17 p., L. 23 p.

HOUEL et M.-X. LEPRINCE.

147 Vue de la Campagne aux environs de Paris.

A la droite du tableau, plusieurs arbres s'élèvent

sur une butte; au bas de cette butte, et sur le premier plan, un chemin se prolonge jusqu'à la plaine: trois figures et un troupeau de moutons sont à l'entrée de ce chemin; et sur la butte, de l'autre côté du chemin, on aperçoit deux vaches et un homme à cheval. Les fonds sont d'une très-grande étendue. Personne mieux que M. Leprince ne pouvait associer son rare talent au talent distingué de Houël.

H. 14 p. 6 l., L. 25 p. 6 l. *C.*

HUE (*le Père*).

148 Port de Mer au soleil couchant.

Six figures sont sur le premier plan du tableau, au nombre desquelles on remarque le personnage qui paraît être le maître du navire, et qui indique le chemin pour y arriver à un jeune Albanais et à sa compagne, sur le point de s'embarquer.

Cette précieuse étude d'après nature, peinte sur papier, qui a servi à l'artiste pour faire plusieurs tableaux, lui a donné l'idée d'en former ensuite un tableau, en la ragrandissant, pour y mettre un sujet de figures.

H. 17 p., L. 21 p. *T.*

JANET (CLOUET *dit*).

149 Catherine de Médicis.

Cette reine est représentée à mi-corps, vue presque de face, vêtue de noir, et portant une simple collerette. Son âge et la sévérité de son deuil, peuvent faire penser que c'est un deuil de veuve. Janet, peintre de cette reine, a dû transmettre ses traits avec la plus grande ressemblance, et il paraît que ce peintre avait seul le privilége de faire le portrait de cette princesse; car, malgré nos recherches, c'est l'unique que nous ayons rencontré.

H. 12 p. 9 l., L. 10 p. 2 l. *B.*

LAFONTAINE ET DEMARNE (M.rs).

150 Le Baptême à l'Église.

A l'entrée d'une grande église gothique, peinte d'après nature par M. Lafontaine, M. Demarne a placé plus de vingt figures, dont le sujet principal est un enfant qu'on porte aux fonds baptismaux; le groupe, conduit par un suisse, est précédé par un enfant de chœur; près de l'enceinte des fonds, on voit quatre figures, dont la plus apparente est un vieux pauvre assis et tendant son chapeau; du côté opposé sont cinq figures, entre lesquelles on distingue un prêtre causant avec une jolie femme.

Ce tableau, l'un des plus parfaits de M. Lafontaine, est en-même-temps l'un de ceux que M. Demarne s'est plu à enrichir d'un plus grand nombre de figures, dignes de Karel-Dujardin.

H. 24 p., L. 30 p. *T.*

LANTARA ET M.r BERRÉ.

151 Le Moulin à Eau : Paysage au soleil couchant.

En avant d'un côteau qui se termine en pointe couverte d'un village, au milieu d'une vaste rivière portant bateau à voiles, s'élève une tour en ruines, flanquée d'une habitation de meûnier: devant la maison sont deux saules; derrière, est un massif d'arbres; et, au bas, la roue du moulin. Un meûnier chargé d'un sac qu'il vient de prendre sur le dos d'un âne, entre sous la porte d'une partie de l'habitation, où il va le déposer. La rivière traverse toute l'étendue de ce paysage; et, sur le premier plan, au long de cette rivière, vient aboutir un coin de prairie sur laquelle sont trois vaches, dont une couchée; le petit gardien du troupeau assis au bord de l'eau, près d'une chèvre, tient son chien à côté de lui.

Ce paysage, l'un des plus riches et des plus parfaits de notre second Claude Lorrain, si bien apprécié par l'expert de la vente Saint-Victor, a reçu un nouveau charme par les figures et les animaux, que M.r Berré y a peints avec un rare talent.

H. 20 p., L. 25 p. *T.*

LANTARA ET M.r TAUNAY.

152 Le Coucher du Soleil.

A gauche du tableau est un port: on y voit plusieurs fortifications, un grand château à tourelles, quelques fabriques et plusieurs vaisseaux dans le port. A l'horizon on découvre le commencement d'une ville.

Les figures, qui sont de M.r Taunay, représentent principalement un palefrenier conduisant des chevaux à la mer, et des baigneurs sur un plan éloigné; sur le terrain du premier plan sont des canons démontés.

H. 6 p. 6 l., L. 7 p. 8 l. *T.*

153 Le Lever de la Lune.

Sur la gauche est une rivière entourée de saules qui reflètent, ainsi que la lune, dans cette rivière. Dans le fond, au pied de montagnes surmontées de fabriques, on aperçoit, au milieu de bouquets de bois, le clocher d'un village entouré de plusieurs maisons. Les figurines représentant deux femmes éclairées au flambeau par un homme, sont de M. Taunay, et c'est tout dire : quant à ces petits tableaux, ce sont deux diamans.

H. 6 p. 6 l., L. 7 p. 8 l. *T.*

LARGILLIÈRE (N.).

154 Portrait de Baron, auteur et acteur.

Il est vu de face, a le col nu, et de longs cheveux bouclés qui retombent sur un manteau rouge. Ce beau portrait est ajusté avec un goût qui sera toujours de mode.

H. 27 p., L. 22 p. *T.*

LE BRUN (M.me Vigée).

155 La Duchesse d'Orléans, Mère de S. A. R. Monseigneur le Duc d'Orléans.

Cette princesse, représentée dans un âge où ses charmes brillent de tout leur éclat, est de grandeur naturelle, assise, et paraît plongée dans une douce mélancolie. Son coude est appuyé sur un coussin de velours, et soutient sa tête légèrement posée sur sa main gauche. Sa main droite tombe négligemment sur ses genoux. Un médaillon attaché à sa ceinture, représente une peinture en camée, dont le sujet est une jeune femme dans la douleur, et les cheveux épars, assise au pied d'un saule pleureur. Un chien, emblême de la fidélité, la regarde, les deux pattes élevées sur ses genoux. En face de cette jeune femme éplorée est une urne posée sur un socle, portant pour inscription : *Amitié.* Ce Médaillon annonce le sujet de la mélancolie de cette princesse. Un mouchoir de gaze rayée, ajusté sur ses cheveux en forme de toque, orne la partie supérieure de ses cheveux, qui retombent sur ses épaules : son vêtement est une robe de mousseline rayée, et une robe de satin blanc.

Ce portrait, qu'on pourrait égaler à ceux de Greuze (qui se faisait un plaisir de donner ses avis à Mad. Le Brun, dont il chérissait le talent), fit une telle sensation lorsqu'il parut, que les connaisseurs, qui ne l'ont pas vu depuis cette époque, se le rappellent encore.

Il a été fait de ce portrait plusieurs copies de différentes grandeurs.

H. 37 p., L. 30 p. T.

156 Vénus et l'Amour.

Ces deux figures, de grandeur naturelle, représentent Vénus assise, et tenant sur ses genoux l'Amour, dont elle attache les ailes avec un ruban. Le carquois de ce dieu est déposé à côté de sa mère. Ce tableau, qu'on a vu aux anciennes expositions du salon, et qui a fait tant d'honneur à madame Le Brun, est, de plus, connu par une gravure qui a eu beaucoup de succès.

H. 42 p., L. 36 p. Pastel.

LE BRUN (Charles).

167 Armide amoureuse.

Dans ce tableau, qui fait pendant à celui de Mignard, décrit sous le n.o 181, le peintre a représenté Armide enivrée d'amour, et enlaçant de fleurs son cher Renaud, qu'elle craint de réveiller. Des amours sont occupés à seconder Armide. Un autre debout, près de Renaud, semble commander le plus grand silence. Tout auprès d'Armide, un groupe d'enfans ailés s'occupe à tresser la chaîne amoureuse; d'autres sont sur un arbre, d'où ils jettent des fleurs. Dans un coin du tableau sont deux naïades assises regardant cette scène d'amour. Une autre naïade debout est appuyée sur une urne dont les eaux s'échappent. Tout-à-fait sur le devant du tableau, le fleuve à demi-couché prend part à la scène; et au loin, on aperçoit deux compagnons d'armes de Renaud, envoyés à sa recherche. Dans ce tableau, que l'on croirait du Poussin, Le Brun, trop peu apprécié, a prouvé qu'il était son digne élève.

H. 36 p., L. 48 p. *T.*

LECLERC (M.r), *de Lyon.*

158 Le Porteur d'eau galant.

Dans un intérieur de cuisine, dont la porte ouverte donne lieu à un effet piquant de soleil, un porteur d'eau paraît vouloir plaisanter avec une jeune cuisinière occupée à ratisser des légumes; pendant ce temps, le chat tient un maquereau qu'il a dérobé : un double effet se fait remarquer dans ce tableau; c'est celui du feu de la cheminée qui est dans le fond, et dont les reflets éclairent tout ce qui l'environne. Des fruits, des légumes de toute espèce, des ustensiles de cuisine en cuivre et en terre, enrichissent encore ce joli tableau.

H 20 p., L. 25 p. *T.*

LE COMTE (M.r Hyppolite).

159 Le Militaire demandant son chemin.

Un hussard à cheval, arrêté près d'une chaumière, demande son chemin à une jeune paysane qui tient son enfant par la main; un bouquet de grands arbres abrite la chaumière. Le paysage nous paraît égal en mérite aux figures.

H. 15 p., L. 12 p. *T.*

LEDIEU (M.r)

160 Le Cheval à l'abreuvoir de la pompe.

Un fort cheval gris-pommelé et à tous crins, boit dans une auge de pierre placée sous le tuyau d'une pompe; il a les pieds dans l'eau qui s'échappe de l'auge : un ciel pluvieux, d'un ton très-vigoureux, fait ressortir avec éclat la couleur du cheval.

Nous croyons ne pas nous tromper en disant que si M. Ledieu, élève assidu de M. Horace Vernet, persévère avec zèle dans ses études, sous un aussi habile Maître, il pourra marquer parmi les peintres de cette école.

H. 8p., L. 10p. *T.*

161 La Chevrette tuée à la chasse.

Étendue sur le côté, la chevrette vient de tomber frappée du coup mortel, et son sang rougit la terre; un chien haletant la garde; des chasseurs accourent des deux côtés; le moins éloigné, qui tient son fusil élevé et qui franchit des broussailles, est le portrait ressemblant de M.r Horace Vernet, maître de l'artiste; et ce maître a été si content de cette étude de chevrette, d'après nature, qu'il l'a copiée dans un tableau de chasse, composé exprès pour l'y introduire.

H. 8 p., L. 10 p. *T.*

LE MERCIER (M.r).

162 Le Matin : Paysage.

Assis au pied d'un grand arbre, un berger paraît se reposer avec son troupeau; une jeune fille cachée derrière l'arbre, semble vouloir le surprendre; de l'autre côté, tout-à-fait sur le premier plan, on voit d'autres arbres au bord d'une rivière; l'autre rive est bordée de fabriques et de bois, derrière lesquels se prolonge une chaîne de montagnes.

H. 12 p., L. 15 p. *T.*

163 Le Soir : Paysage.

A l'entrée d'un bois, sur une pelouse qui conduit à un lac, deux bergers paraissent causer au pied d'un arbre; sur un plan plus rapproché un philosophe semble diriger ses pas vers un endroit ombragé. M. Lemercier nous paraît avancer heureusement dans la carrière difficile du paysage.

H. 12 p., L. 15 p. *T.*

LÉPICIER.

164 Les jeunes Savoyards assis sur une pierre.

Le plus jeune, les deux mains sur les genoux et ayant une sellette à ses pieds, a l'air de regarder à sa droite quelque chose qui le fait sourrire. Rien n'est plus vrai que ce joli tableau.

H. 12 p, L. 15 p. *T.*

LEPRINCE (Xavier) et NAUDOU. (MM.)

165 Passage du Gué.

Dés figures dans une charrette qui passe un gué, causent avec un homme à cheval qui le traverse dans un sens opposé : on compte sur ce premier plan quatre figures et neuf animaux. M. Demarne, auquel on pourrait attribuer cette agréable composition, n'aurait pas mieux réussi.

Le fond du paysage est par M. Naudou.

H. 9 p., L. 12 p. *B.*

LESCOT (M.lle).

166 La Distribution de la Soupe.

Cette distribution se fait sur le deuxième plan du tableau: dans un vestibule élevé de plusieurs marches, on voit un capucin armé d'une large cuiller à pôt, dont il se sert pour donner à chaque pauvre la portion qui lui revient.

Sur le premier plan, un homme d'un âge mûr, et qui paraît avoir appartenu à une classe aisée, est assis sur un banc de pierre, son chapeau est posé au bout de son genou, et il tient le vase de terre dans lequel est sa portion de soupe, qu'il paraît disposé à partager avec son chien qui le regarde. Annoncer un tableau de M.lle Lescot, c'est annoncer au moins une jolie chose.

H. 16 p. 7 l., L. 13 p. 7 l. T.

LE SUEUR (Eustache).

167 L'Annonce de la Naissance de Samson.

L'ange vient d'annoncer à Manuë qu'il lui naîtra un fils du nom de Samson : le vieillard est prosterné au pied d'un autel, et sa jeune femme, les mains jointes, remercie l'ange qui s'élance au-dessus de cet autel, où brûle un agneau offert en holocauste. Ce tableau, de la plus parfaite originalité et digne d'André del Sarte, est du petit nombre de ceux qui ont eu l'heureux privilége d'être plusieurs fois copié.

H. 5½ p., L. 45 p. 6 l. T.

168 Saint Bruno en prière sous un rocher.

A l'entrée d'une grotte, saint Bruno, prêt à écrire, semble inspiré à la vue d'un crucifix. Ce joli échantillon provient de la vente d'un amateur célèbre.

H. 15 p. L. 11 p. T.

LOO ET M.r DEMARNE (César Van).

169 La fraîche Matinée.

Sur le devant de ce paysage, dont la teinte harmonieuse rappelle le Claude Lorrain, une jeune fille, portant un paquet sur sa tête, cause avec un petit garçon. Le site, peint d'après nature, offre une vue de la belle campagne de Rome.

H. 13 *p.*, *L.* 18 *p.* *T.*

LORIMIER ET M. TAUNAY.

170 Les Aqueducs.

Site d'Italie de la plus grande richesse, traversé dans toute sa largeur par des aqueducs: sur la gauche du tableau on voit une montagne formée de plusieurs roches détachées, et couronnée, entre autres fabriques, du temple de la Sybille. Parmi ces rochers, plusieurs bouquets d'arbres épars çà et là offrent une belle verdure; et en avant de la montagne on découvre un bout de prairie qui conduit jusqu'au bas des aqueducs. Du côté opposé, sur le premier plan, de beaux arbres occupent une partie du tableau. Près de là, un chasseur à cheval, le fusil sous le bras, et accompagné de deux chiens, cause avec un voyageur assis; un autre voyageur semble venir à eux.

Le fond du tableau est terminé par des montagnes, au-delà desquelles on découvre une grande étendue de mer.

Nous croyons devoir ajouter que ce tableau, où M. Taunay s'est surpassé dans ses figures, avait été choisi pour faire partie de la galerie de Malmaison.

H. 31 p.. L. 43 p *T.*

MALLET. (M.r)

171 **La Route du Bonheur dans le Mariage.**

(N.o 1.)

Le Génie du travail et de l'économie peut aider à conduire victorieusement le char de l'Hymen au temple de la Félicité.

Ce sujet, composé de cinq figures principales, représente l'Hymen assis sur un char traîné par deux jeunes époux, figurant le travail et l'économie; à leur tête un amour voltigeant, aide à traîner le char; en face de ces figures, et à la porte du temple du Bonheur, une jeune femme assise sur un trône, tient d'une main le caducée de Mercure, et de l'autre une corne d'abondance; au-dessus du groupe, un essaim d'amours joue de divers instrumens : l'un d'eux en tête porte une petite statue de la Victoire.

H. 12 p., L. 15 p. *T.*

172 **La Route du Bonheur dans le Mariage.**

(N.o 2.)

L'Hymen est sûr d'arriver au temple de la Félicité, si l'Amour, l'Estime et l'Amitié, précédés de l'Harmonie, viennent se joindre aux Génies du travail et de l'économie, pour être compagnons de voyage.

Six figures principales ornent cette composition; elles représentent l'Estime et l'Amitié sur un char : la jeune femme figurant l'Estime, porte une couronne d'or, et tient une statue de Minerve; et la jeune fille qui représente l'Amitié, porte une couronne de fleurs, est vêtue de blanc, et tient un cœur qu'elle appuie sur le sien, et de l'autre main un thyrse entouré de banderolles blanches et flottantes: l'Amour, armé de son flambeau, voltige derrière elles; la Déesse de l'harmonie les précède en jouant de la lyre : des Zéphyrs répandent des parfums; et deux cygnes, guidés par un autre Zéphyr, traînent le char.

Ces tableaux et les deux suivans prouvent que M. Mallet est l'un des plus gracieux et des plus ingénieux peintres de notre brillante école.

H. 12 p., L. 15 p. T.

173 La méchante Femme à l'ancienne Fontaine des Innocens.

Une femme du peuple qui allait puiser de l'eau, armée de quelques brins de cotterets, vient de frapper et de renverser une jeune fille et sa mère, qui prenaient un bain de pieds dans le bassin de la fontaine : et elle frappe encore à droite et à gauche. De l'autre côté de la fontaine est un groupe de figures assez considérable, dont quelques-unes regardent cette scène.

H. 15 p., L. 12 p. B

174 *Par un chemin de fleurs on arrive au tombeau.*

Un enfant à peine au berçeau, est conduit par un autre enfant, un peu plus avancé en âge, lequel, en écartant des branches de rosiers, lui découvre un sentier de fleurs, qui, après plusieurs détours, conduit à un tombeau; un vieillard décrépit les regarde de sa fenêtre; prés du berceau est une chienne allaitant des petits qu'elle vient de mettre bas : ainsi les extrêmes se touchent. Ce tableau philosophique est empreint de cette douce mélancolie, qui est encore un des caractères distinctifs du talent de M.r Mallet.

H. 6 p. 3 l., L. 9 p. *T.*

MÉNAGEOT.

175 Le Lever.

Une jeune femme assise sur un lit garni de rideaux, paraît ôter sa chemise; cet agréable petit tableau est du bon temps du Peintre.

Forme ronde, 12 p. *B.*

MICHALLON ET M.r HORACE VERNET.

176 La Chaise de poste attaquée par des brigands: Paysage.

Dans ce tableau, rappelant un site des environs de Naples, le peintre a réussi à rendre un effet de soleil après la pluie; en effet, la partie gauche du tableau, sur laquelle s'élève un groupe de deux grands arbres peints avec le plus grand soin d'après nature, offre une partie de terrain dans la demi-teinte, du ton le plus vrai; la terre y paraît humide, et quelques traces d'eau s'y font apercevoir. Le côté opposé, représentant une butte sablonneuse, est frappé d'une échappée de soleil à travers les nuages; les fonds, également frappés d'une vive lumière, laissent entrevoir la mer dans le lointain, qui s'harmonise avec un ciel du ton le plus fin. L'épisode introduit dans ce tableau représente une chaise de poste qui vient d'être arrêtée sur un chemin, et dont le postillon est renversé à terre, mort d'un coup de feu; au bout, et au détour de ce chemin, quelques gendarmes, attirés sans doute par le bruit, arrivent avec précaution, pour s'assurer s'ils pourront porter secours utilement; mais déjà le voyageur, arraché de la chaise de poste, est entraîné au bord d'une rivière par deux brigands, armés de fusils et de poignards, et qui sont sur le point de le massacrer, tandis que vers ce groupe accourt un autre brigand portant la valise et les effets volés.

Horace Vernet, à qui le bel art de peindre, dans tous les genres, est familier, et qu'on pourrait appeler le Voltaire de la peinture, s'est tellement identifié avec le paysagiste, qu'on croirait le paysage et les figures de la même main; mais, malgré la supériorité de ces figures, en se rappelant le tableau de Roland de Michallon, où les figures sont aussi parfaites que le paysage, quelques personnes (sans y regarder) pourraient croire que celui-ci n'était pas fini, puisqu'il était sans figures: cette croyance serait fausse; car nous *garantissons* que ce paysage est *entièrement* de la main de Michallon; en le regardant avec attention, les véritables connaisseurs en seront certainement persuadés; et si Michallon n'a pas fait de figures dans ce tableau, c'est qu'il ne voulait pas en faire un tableau pour le vendre. Il voulait, au contraire, conserver ce paysage, comme lui offrant une réunion de quelques-unes de ses plus belles études d'après nature. C'est pourquoi, paraissant relégué dans un coin de son atelier, et couvert d'un ancien vernis au blanc d'œuf, qui était loin de lui être favorable, il était naturel qu'il n'attirât pas alors les regards. Cependant, au dire de nos premiers artistes, c'est le tableau-paysage où Michallon a montré le plus d'aptitude à la perfection; et si dans certaines parties des terrains du premier plan, on regardait comme un défaut quelques endroits peu faits, ce défaut, qu'on pourrait plutôt appeler oubli volontaire ou heureuse négligence, se retrouverait dans ses deux autres paysages du Musée.

H. 48 p., L. 60 p. *T.*

177 La Grotte de Neptune.

Ce tableau, peint d'après nature avec le plus heureux talent, est d'une très-belle couleur et d'un effet piquant : on y remarque un chasseur venant de tirer un coup de fusil sur des canards, dont un tombe sur le coup, et son chien qui s'élance pour aller le chercher. Ce sujet de figures a été peint dans l'école de M. Horace Vernet.

H. 14 p. 4 l., L. 17 p. *T.*

178 Entrée d'une Forêt.

Au haut d'un chemin escarpé qui conduit à l'entrée de cette forêt, une paysanne a l'air de parler à son chien; une autre paysanne, dont on n'aperçoit que la moitié du corps, descend ce chemin. Un grand tronc d'arbre, qui paraît dépouillé et à moitié déraciné, occupe un coin du tableau, sur le premier plan; et un effet piquant de soleil se fait remarquer au milieu de cette forêt, peinte d'après nature avec le plus grand soin.

H. 13 p. 8 l., L. 10 p. 8 l. *T.*

MICHEL. (M.r)

179 Paysage par un temps de pluie.

Un chemin montant et sablonneux est frappé

de la lumière du soleil; vers le milieu sont deux moutons; au sommet de ce chemin apparaissent des charriots de bagage; à gauche du tableau, auprès d'une butte, un troupeau repose sur l'herbe; du côté opposé est un vieux chêne à moitié mort; un des plans éloignés du tableau représente quelques mâsures de paysans; et un ciel couvert de nuages, d'où la pluie s'échappe à l'horizon, ajoute à l'harmonie du chef-d'œuvre de ce coloriste.

H. 19 p., L. 25 p. *B.*

MICHEL (M.r).

180 Passage d'un Gué : Paysage.

En-deçà d'une plaine éclairée par un coup de soleil, coule, par cascades, une rivière que des villageois vont passer à gué, avec un troupeau de bestiaux; à gauche, une chaumière est entourée de chênes qui l'ombragent. Tableau du bon temps du Maître.

H. 14 p. L. 17 p. *B.*

181 La Forêt.

Plusieurs personnages y cheminent dans différentes directions, et parmi eux est un chasseur, le fusil sous le bras, et suivi de deux chiens. Ce paysage, d'un ton vrai, est le pendant du précédent.

H. 14 p., L. 17 p. *B.*

MIGNARD (P.re).

181 *bis.* Le Pouvoir de l'Amour.

Armide, sachant que Renaud son ennemi n'était pas éloigné de son palais, après l'avoir fait endormir par le chant des syrènes, s'approche de lui pour le poignarder; mais à sa vue elle se sent désarmer par l'amour qui lui retient le bras et qui lui lance en-même-temps un de ses traits ; idée que le peintre a exprimée par deux amours voltigeant au-dessus d'Armide. Le sujet principal des figures se dépose sur un massif d'arbres formant bosquet.

Ce tableau, attribué à l'Albane, fait pendant à celui de Le Brun, désigné sous le N.° 157.

H. 36 p., L. 48 p. *T.*

182 Anne d'Autriche en deuil.

Elle est à mi-corps et de grandeur naturelle.

H. 25 p. 6 l., L. 20 p. 6 l. *Ovale.*

MONANTEUIL (M.r).

183 Portrait de Louis XVIII.

Dans ce portrait à mi-corps, de grandeur naturelle, M. Monanteuil, élève supérieur de Girodet, a su réunir le double mérite d'une belle exécution et d'une parfaite ressemblance.

H. 23 p., L. 20 p. *T.*

184 Hyppolite.

Ce jeune chasseur, dont la figure se dépose sur un ciel nuageux, est vu de face et à mi-corps ; il a le carquois sur le dos, et son corps est couvert en partie d'une peau de lion.

Cette figure, que l'auteur a peinte d'après lui-même, nous paraît, ainsi que les deux suivantes, ne rien laisser à désirer, sous le rapport du dessin, de la finesse du ton et de l'exécution.

H. 26 p., L. 20 p. 6 l. *T.*

185 Buste de jeune Fille.

Sa tête est penchée en avant ; ses épaules et sa gorge sont presque entièrement nues.

H. 17 p., L. 14 p. *T.*

Suite des Tableaux de M. Monanteuil.

186 L'Innocence sortant du Bain.

Une jeune fille de quatorze ans, de grandeur naturelle, nue et à mi-corps.

M. Monanteuil, élève de Girodet pendant treize années consécutives, l'a non-seulement aidé dans beaucoup de ses grands tableaux, mais encore il a peint, souvent en entier, des tableaux pour ce Maître, sur de simples croquis; aussi le petit nombre d'ouvrages que M. Monanteuil a eu l'occasion de faire depuis sa sortie de l'atelier, sont-ils attribués à Girodet, comme autrefois, même par les artistes, tel que cet Hyppolite, et ces deux figures de jeunes filles.

H. 22 p., L. 18 p. *T.*

NIVARD ET VALLIN (M.rs).

187 Le vieux Château au milieu des rochers.

Un château gothique, bâti sur des rochers, est l'objet principal de ce paysage; du côté opposé, et sur un plan plus avancé, s'élève une masse de roches couvertes de bruyères; derrière le château, et dans toute l'étendue du paysage, des montagnes et des roches se déposent sur le ciel. Aux deux côtés du tableau, on voit sortir de l'eau en cascades. Une femme à cheval se retourne pour parler à un jeune homme aussi à cheval, qui est précédé d'un chien. Les figures de ce bon tableau sont par M.r Vallin.

H. 9 p., L. 13 p. 6 l. *T.*

POUSSIN (Nicolas).

188 Narcisse amoureux de lui-même.

Ce sujet est composé de trois figures sur le premier plan et de trois autres sur un plan éloigné. Narcisse, couché au bord d'un ruisseau, contemple ses charmes; deux naïades, assises auprès, paraissent étonnées de son action : le chien de Narcisse semble regarder le mouvement de l'une des naïades. Tout à côté s'élève une masse de roches, qui laisse encore entrevoir les formes de la nymphe Echo, morte d'amour pour Narcisse et changée en rocher. Les figures du fond représentent deux nymphes regardant un satyre qui paraît se diriger avec plaisir vers elles. A ce contraste bien marqué, le Poussin a voulu ajouter encore celui de l'atmosphère, qui paraît enflâmé. En effet, le moment représenté dans ce paysage parait être celui d'une brûlante soirée d'automne.

Ce bon tableau du Poussin, est de sa première manière, et rappelle beaucoup celle du Titien, qu'il étudiait alors. Il provient du célèbre cabinet Lenôtre; et M.r Desnoyers, graveur très-distingué, nous l'a emprunté, il y a vingt ans, pour en faire une copie.

H. 30 p., L. 37 p. *T.*

PRUD'HON (P.-P.).

189 L'Amour séduit l'Innocence, que le Plaisir entraîne et que suit le Repentir. (Figures à mi-corps.)

Nous croyons faire plaisir aux amateurs en leur offrant ce petit tableau de Prud'hon, non-seulement comme un de ses chefs-d'œuvre, mais comme le premier ouvrage qui l'ait rendu célèbre, lors de la première exposition générale au salon, en 1791. En effet, l'exécution, l'expression et la couleur rappelaient Léonard, Corrège et Carrache, les trois maîtres qu'il affectionnait. La composition en parut si heureuse, que trois personnes obtinrent de Prud'hon le même tableau avec *les figures en pied.* Il commença d'abord par en faire un dessin, et c'est d'après ce dessin qu'il exécuta le premier tableau de figures en pied du N.° 190 ci-dessous. Un amateur, qui le vit chez Prud'hon au moment où il le terminait, ne pouvant l'acquérir parce qu'il était destiné à un autre, obtint de l'artiste qu'il le répétât, et, autant qu'il nous en souvient, de la même grandeur. Un marchand, qui connut ce dernier tableau chez Prud'hon, désira qu'il lui peignît ce sujet d'une plus grande proportion. L'artiste mourut avant de l'avoir terminé, et il fut acquis dans cet état à sa vente.

H. 9 p. 3 l., L. 8 p. *T.*

190 Le même. (Figures entières.)

Ce tableau, qui nous paraît délicieux, est dans la manière plus expéditive que Prud'hon avait adoptée dans ses derniers temps; et, si c'est un intérêt de plus à présenter aux amateurs que de leur annoncer qu'il est le premier de figures en pied qui ait été fait, nous pouvons le leur garantir avec certitude.

H. 17 p., L. 13 p. *T.*

191 Une jeune Femme accompagnée d'un Enfant.

Elle est coiffée en cheveux bouclés, retenus par un simple ruban, et tient un vase étrusque. L'enfant qui l'accompagne est couronné de lierre, et semble parler à cette femme avec un vif intérêt, qu'elle a l'air de partager.

Ce tableau, d'un dessin correct, d'une exécution très-précieuse, et d'une couleur vraie, est peint d'après nature; mais il abandonna cette manière très-terminée, à cause du trop de temps qu'elle exigeait. Il existe, d'après ce tableau, un dessin signé P. P. Prud'hon, 1794.

H. 18 p. 10 l., L. 22 p. 6 l. T.

192 Portrait à mi-corps d'une très-jolie Femme.

Ce charmant ouvrage, que Prud'hon devait terminer davantage, fut laissé comme il est, parce que M.me ***, dont il est le portrait, désira l'avoir sur une plus grande toile : et c'est ce dernier portrait, d'une plus grande dimension, qu'on a tant admiré à l'avant-dernier salon.

H. 20 p. 6 l., L. 17 p. 4 l. T.

193 L'Amour tenant une flèche. Au bas écrit :

Qui que tu sois, voici ton maître :
Il le fut, l'est, ou le doit être.

Prud'hon regardait ce dessin comme son chef-d'œuvre en ce genre; il l'a caressé à plusieurs reprises, et il le retouchait encore peu de temps avant sa mort. Derrière ce dessin on voit, outre son portrait, un enfant nu dessiné par lui.

H. 12 p., L. 9 p.

194 Le jeune Faune. Dessin faisant pendant.

H. 12 p., L. 9 p.

195 Paysage dessiné d'après nature.

Ce paysage (le seul que l'on connaisse de Prud'hon), a tout l'effet et tout le charme d'un tableau.

H. 12 p. 6 l., L. 18 p.

Suite des Tableaux de PRUD'HON.

196 et 197 Homme et Femme nus : deux Etudes très-précieuses, d'après nature. (Dessin.)

198 Charmant Portrait d'une jeune Femme. (Pastel.)

H. 16 p. 6 l., L. 13 p. 6 l.

REDOUTÉ (M.r P.-J.).

199 Riche Bouquet de Fleurs.

Ce bouquet, qui paraît adossé à un mur, est principalement composé de trois roses, dont l'une est épanouie et l'autre commence à s'ouvrir; la troisième est vue par derrière : un pavot s'élève au-dessus de ces roses. On y voit encore deux reines-marguerites jaunes : dans l'une est un frelon. Personne, pas même Van Huysum, n'a porté si loin le fini, la vérité et l'harmonie dans les tableaux de fleurs.

H. 18 p., L. 12 p. *B.*

RÉMOND (M.r).

200 Orphée : Paysage.

Orphée, assis sur un terre à l'ombre de grands arbres, pince de la lyre; un berger, appuyé sur sa houlette, l'écoute avec attention, et un vieillard semble recommander le silence à d'autres pâtres qui paraissent le suivre. Derrière eux est un fleuve. Ce joli petit tableau est la première pensée d'un plus grand de cet habile artiste.

H. 9 p., L. 11 p. *T.*

SAUVAGE.

201 Bas-Relief imitant le bronze. Pierre de touche.

Ce sujet est composé de trois figures d'enfans, deux tressant des guirlandes de fleurs, et le troisième apportant des fleurs dans une corbeille, à une jeune femme assise devant un trépied, qui tresse également des fleurs en guirlandes.

H. 5 p., L. 8 p. 6 l.

SWÉBACH.

202 Le Fermier galant. Paysage.

Une charrette couverte, chargée de bagages et attelée de quatre chevaux, est arrêtée près de la grande porte de la ferme où elle vient d'entrer. Le fermier, qui en est descendu, embrasse une femme qu'un enfant tire par le jupon. Un valet de ferme à cheval, vu de dos, est près de là, ainsi qu'une femme qui est debout. Derrière ces deux figures est une maisonnette; et plus loin, en-dehors de la ferme, est un côteau surmonté de différens arbres. Nous croyons que tout le talent de Swébach est dans ce charmant tableau.

H. 10 p., L. 13 p. *T.*

203 Le Cheval au galop.

Un cavalier, sur son cheval au galop, paraît courir au-devant d'un convoi qu'on aperçoit dans le lointain; un autre cavalier est descendu de son cheval, sur lequel il a laissé son manteau rouge.

Ce tableau et le suivant, anciennement faits par Swébach, sont recommandables par la facilité de la touche et le bon ton de couleur.

H. 9 p. 5 l., L. 7 p. 8 l. *B.*

204 Les Cavaliers au repos.

Dans un paysage d'une composition simple, deux militaires se reposent avec leurs chevaux L'un des deux cavaliers est assis sur l'herbe, et son cheval blanc broute à côté de lui.

H. 5 p. 9 l., L. 7 p. 8 l. *B.*

TAUNAY (M.r).

205 La Bataille du Mont-Thabor.

Aux deux côtés du tableau sont des positions élevées, d'où l'ennemi fait feu sur les Français, cavalerie et infanterie, dont le petit nombre est en outre aux prises avec une prodigieuse quantité d'ennemis, tant Turcs qu'Arabes et Mamelucks. Le moment représenté est celui où les ennemis commençant à prendre la fuite de différens côtés, le restant de leur armée ne peut tarder à être entièrement vaincu par la valeur héroïque des Français. Le général Junot, monté sur un cheval blanc lancé au galop, forme sur le premier plan un des principaux épisodes de l'action. Ce général, qui culbute tout ce qui s'offre sur son passage, vient, d'un coup de sabre, de donner la mort à un jeune prince ennemi. Parmi les autres épisodes, on remarque un Turc écrasé sous le poids de son cheval blessé à mort; et, près de là, un Français qui, à l'instant où son cheval renversé l'entraîne dans sa chute, plonge son sabre dans la poitrine d'un Turc. Enfin, l'acharnement des combattans, dans cette partie de l'action, paraît égal de part et d'autre. Des nuages de fumée et de poussière en obscurcissant une partie du ciel, se composent avantageusement avec l'effet général du tableau.

Le Mont-Thabor, le seul que l'on connaisse entièrement couvert d'arbres, s'élève sur la gauche du tableau entre deux autres montagnes.

Le dessin exact du site a été fourni à M. Taunay par ordre du Gouvernement. Ainsi, la perfection et la vérité se trouvent réunies dans ce tableau.

H. 19 p., L. 31 p. *B.*

206 L'Incendie de Toulon, pendant la nuit.

Le terrain du premier plan est, dans toute son étendue, encombré de figures de tout âge et de différentes nations, et toutes annonçant l'effroi. On y remarque aussi une quantité de chevaux espagnols, que l'ennemi n'eut pas le temps d'enlever. Dans un bateau, sur le rivage, où sont des figures qui se sauvent, des soldats, à coups de baïonnettes, en repoussent d'autres qui veulent y monter. Le ciel est en feu; on ne voit que flammes et fumée produites par l'incendie des vaisseaux qui font explosion, et dont les débris sont lancés au loin dans les airs. Le vif éclat de cet incendie se fait remarquer principalement sur le quai, les arsenaux et le sommet des édifices particuliers qui s'élèvent derrière ces arsenaux. Dans le lointain, du même côté, est une hauteur où l'on distingue à peine les feux de la batterie que Bonaparte, alors simple officier, dirigea contre l'ennemi, pour le forcer d'abandonner la ville.

M. Taunay a également composé ce chef-d'œuvre, d'après un dessin exact du site.

H. 14 p., L. 21 p. B.

207 La Bergère studieuse; Paysage.

Sur la pointe d'une roche qui domine un torrent, une bergère élégamment vêtue tient un livre ouvert, et de l'autre main sa houlette; son chien est couché derrière elle à quelque distance; au-dessous est son troupeau de vaches et de moutons; derrière eux, et au bord du torrent, est une rangée d'arbres. De l'autre côté, sur la dernière marche d'un escalier en pierre, un jeune homme puise de l'eau; et vers le milieu de cet escalier, une jeune fille paraît descendre avec un vase à la main. Des fabriques, qui ont l'air d'être l'entrée d'une ville, occupent une partie du fond de cet excellent tableau, qui présente un aspect des plus pittoresques.

H. 14 p. 3 l., L. 17 p. 3 l. *T.*

208 Le Coup de Vent : Paysage.

Sur un terrain élevé, des bergers conduisent leurs troupeaux de vaches et de moutons. Une jeune et jolie villageoise, montée sur un âne et tenant un enfant nu appuyé sur son sein, est suivie d'un berger qui paraît marcher avec peine contre le vent. Derrière eux est un jeune pâtre qui a le bâton levé sur une des vaches de son troupeau : il est entouré de moutons. Le ciel est en partie obscurci par des nuages de poussière, qui se confondent avec les nuages de l'horizon, éclairés par le soleil couchant. Ce tableau, dans un genre encore différent, nous paraît encore un chef-d'œuvre.

H. 14 p. 2 l., L. 17 p. 2 l. *T.*

209 Le Site montagneux.

Dans ce paysage, on voit une rivière bordée d'arbres, qui traverse le tableau dans toute sa largeur. Au bord de cette rivière est un pâtre conduisant un troupeau. Sur le premier plan est un villageois assis; et une vache est arrêtée au bord d'un chemin montueux. Ce tableau, qui diffère encore des autres, a l'aspect d'un Ruisdael.

H. 9 p., L. 12 p. *B.*

Suite des Tableaux de M. Taunay.

210 Le Soir : sujet de la Bergère des Alpes.

Sur le premier plan, la jeune bergère, au milieu de son troupeau, paraît suspendre sa marche pour écouter un jeune berger que l'on aperçoit derrière elle à l'entrée d'un massif de grands arbres. Dans un aussi petit espace, quel autre que M. Taunay pouvait présenter l'aspect d'un aussi grand tableau!

C'est le pendant du matin, par M. Demarne, sous le n.° 122.

H. 4 p., L. 3 p. 6 l. *B.*

TÉOLON.

211 L'Enlèvement d'Europe.

Quoique ce charmant petit tableau ait toujours été attribué à Greuze, à son retour d'Italie, nous y reconnaissons la touche spirituelle de Téolon. Ce peintre gracieux, qui a laissé peu d'ouvrages, avait tant d'affection pour Greuze, qu'on y reconnaît les caractères de tête de ce grand Maître.

H. 9 p., L. 12 p. *B.*

TOCQUÉ (Louis).

212 Portrait en pied du Duc de Penthièvre, père de la dernière Duchesse d'Orléans, douairière.

Ce prince est représenté debout et en pied, dans le costume de l'ordre du Saint-Esprit : de la main droite il tient son chapeau garni de plumes blanches surmontées de plumes noires en forme d'aigrette, et sa main gauche est posée sur le pommeau de son épée. Son manteau et ses décorations sont placées sur un canapé, sous lequel on aperçoit une cuirasse et des brassards. Un page, vêtu de la livrée du prince, se baisse pour soulever la partie du manteau qui retombe à terre.

Ce serait peut-être ici l'occasion de nous plaindre de notre insouciance à l'égard de plusieurs habiles artistes de l'Ecole française qui a précédé celle-ci. En effet, plusieurs bons peintres de cette école, après avoir joui pendant leur vie d'une réputation qu'on exagérait peut-être, sont tombés aujourd'hui dans un oubli qu'ils sont loin de mériter. Sans en chercher d'autres preuves, nous nous contenterons de faire remarquer ce portrait de L. Tocqué, qui ne laisse rien à désirer pour la composition et le dessin, et que même on pourrait égaler, pour l'harmonie, la couleur et le précieux de l'exécution, aux ouvrages des peintres que nous admirons tant dans l'ancienne École hollandaise. Par exemple Netscher, si célèbre pour les figures de petite proportion, aurait-il réuni à un plus haut degré, dans un portrait, toutes les qualités qu'exige ce genre de peinture? Et de plus, Tocqué a composé celui-ci avec tant de goût, qu'à part l'intérêt que présente le portrait du prince, les amateurs aimeraient encore à le posséder, comme un charmant tableau.

H. 30 p., L. 23 p. *T.*

215 La belle Élisabeth de Russie.

Portrait d'Élisabeth Pétrowna, fille de Pierre-le-Grand, et impératrice de Russie: elle est représentée à l'âge de 34 ans, de grandeur naturelle, vue à mi-corps, et vêtue d'une robe de drap d'argent, enrichie de perles et de diamans; elle tient un sceptre surmonté d'une croix, et porte un cordon bleu en sautoir. Sa beauté était si remarquable, qu'on ne l'appelait pas autrement que la *belle Elisabeth;* et le roi de France, qui voulait avoir son portrait, fit ordonner à Tocqué d'aller en Russie pour le peindre d'après nature. Dans un genre différent, ce portrait plaît autant que le précédent.

H. 35 p., L. 29 p. *T.*

VALIN, DUVAL, BORNOT, ETC. (M.[rs])

214 La Famille royale se promenant dans le jardin des Tuileries, au milieu d'un grand nombre de personnes.

Ce tableau, étudié dans toutes ses parties, et curieux sous plusieurs rapports, fut vu avec le plus grand plaisir à l'avant-dernière exposition du Louvre.

H. 33 p., L. 43 p. *T.*

VALIN (M.[r]).

215 Diane au retour de la Chasse.

Cette déesse paraît quitter la chasse à cause de l'orage; elle s'enveloppe de sa draperie : derrière elle sont deux de ses nymphes; l'une porte un jeune daim qu'elle a tué; l'autre sonne du cor pour rappeler ses compagnes. Joli tableau du maître.

H. 9 p., L. 7 p. 6 l. *B.*

VERNET (JOSEPH).

216 Fin d'une Tempête.

On remarque sur le premier plan du tableau, représentant un terrain escarpé, cinq figures qui sont diversement occupées : trois tirent avec force une corde qu'elles ont lancée à la mer; une quatrième paraît les diriger; la cinquième, nue, qui s'est sauvée à la nage, gravit ce terrain. Sur un plan

Suite des Tableaux de Joseph VERNET.

éloigné paraît un vaisseau en pleine mer; du côté opposé est une masse de rochers, près de laquelle une barque est sur-le-point d'échouer. L'horizon s'éclaircit, et les nuages qui couvrent une grande partie du ciel paraissent s'élever.

Cette marine, qui est du meilleur temps de Vernet, fut faite pour M. Dulac.

H. 19 p., L. 25. *T.*

217 Lever du Soleil : Paysage.

Tableau d'après nature, représentant d'immenses rochers se prolongeant au loin dans la mer; des fabriques italiennes en ruine couronnent une partie de ces rochers, aux pieds desquels trois matelots sont en repos : à l'extrémité, on aperçoit un petit bâtiment; un vaisseau, les voiles déployées, se découvre à l'horizon. Ce tableau est d'un effet vrai.

H. 15 p., L. 20 p. 6 l. *T.*

WATEAU.

218 Le Malade poursuivi par la Faculté de Médecine.

Cette scène, composée de dix figures, se passe dans un paysage peuplé de cyprès et de tombeaux. Wateau s'est représenté lui-même dans la position du Pourceaugnac de Molière. Il fuit, en s'enveloppant de sa robe-de-chambre; quatre apothicaires (aujourd'hui pharmaciens), armés de seringues, sont derrière lui, et l'un d'eux est près de l'atteindre: deux autres garçons viennent après; l'un portant sur sa tête un meuble de malade, et l'autre le drapeau de la faculté : un septième apothicaire présente un bassin au chef de la faculté de médecine, qui trempe le bout des doigts dans ce bassin. Cet éminent docteur, ami de Wateau, et pour lequel il fit ce tableau, est affublé de la robe rouge bordée d'hermine, du bonnet carré, et d'un collier d'âne qui lui retombe sur la poitrine en forme de décoration; un autre docteur, en robe noire fourrée, accompagne ce chef de la faculté.

Les tableaux de Wateau, si justement appréciés, le seraient encore davantage si, dans la plupart, il n'avait pas représenté les modes de son temps, qui nous paraissent ridicules aujourd'hui : celui-ci n'a pas cet inconvénient; les costumes y sont tels, qu'ils n'ont rien à craindre des caprices de la mode; heureusement encore, c'est un des tableaux les plus fins et les plus soignés qui soient sortis du pinceau de cet habile artiste.

La gravure sera livrée avec le tableau.

H. 10 p. 9 l., L. 14 p. 2 l. *T.*

MINIATURE.

219 **Portrait, monté en bague, du grand Frédéric.**

Le grand homme de la Prusse donna cette bague à Voltaire, qui la laissa au marquis de Villette, son neveu.

Un intérêt de plus s'attache à cette bague; c'est la ressemblance extraordinaire du grand Frédéric : quoique la tête n'ait que quelques lignes de dimension, elle paraît respirer tout le feu de son mâle génie.

GRAVURES.

DESNOYERS (M.r A-B.), *premier Graveur du Roi.*

220 Napoléon en pied, gravé par M.r Desnoyers, d'après M.r Gérard.

Cette épreuve, remarquable parmi les plus parfaites qui existent, est l'une des trois qu'il fut permis au graveur de prélever sur la totalité des épreuves qu'il remit avec le cuivre au ministre de la maison de Napoléon, lorsque sa gravure fut terminée.

ROGER. (M.r)

221 L'Amour séduit l'Innocence, que le Plaisir entraîne et que suit le Repentir.

D'après le tableau de Prud'hon, sous le n.o 190.

JAZET. (M.r)

222 Le Serment du Jeu de Paume, d'après M.r David.

223 Le Couronnement, d'après M.r David.

Très-belles épreuves de grand format.

MORGHEN.

224 Napoléon à mi-corps: épreuve avant la lettre.

225 *PIERRE GRAVÉE, montée en bague.*

Madame Talani, célèbre artiste à Rome, a gravé en creux, avec un rare talent, sur une topaze orientale, le portrait reconnu pour être de la plus parfaite ressemblance, du premier Consul Bonaparte, lors de la bataille de Marengo.

Quelques jours avant le siége de Gaëte, il détacha cette bague de son doigt, pour la donner au général Vallongues, qui fut tué à ce siège. Madame Talani a signé cette pierre gravée des trois premières lettres de son nom, en caractères grecs; et son talent rappelle le beau travail des anciennes pierres grecques.

226

Sous ce N.o sont compris les tableaux que, dans l'impression, on a oublié de placer à leur ordre alphabétique, et qui seront désignés dans la feuille de vacations.

Observation essentielle.

Les articles sous les n.os 139 et 193 (le *Bélisaire*, de Girodet, et l'*Amour*, de Prudhon), ne seront livrés aux acquéreurs que lorsque la lithographie en sera terminée.

FIN.

www.ingramcontent.com/pod-product-compliance
Ingram Content Group UK Ltd.
Pitfield, Milton Keynes, MK11 3LW, UK
UKHW021058270726
13994UKWH00009B/770

9 782329 060606